Da Utilidade e do Inconveniente da História Para a Vida

Nietzsche

Da Utilidade e do Inconveniente da História Para a Vida

Tradução
Antonio Carlos Braga
e Ciro Mioranza

Lafonte

Título original: *Vom Nutzen und Nachtheil der Historie für das Leben*
Copyright da tradução © Editora Lafonte Ltda., 2018

Todos os direitos reservados.
Nenhuma parte deste livro pode ser reproduzida sob quaisquer
meios existentes sem autorização por escrito dos editores.

Direção Editorial	*Sandro Aloísio*
Organização Editorial	*Ciro Mioranza*
Tradução	*Ciro Mioranza e Antonio Carlos Braga*
Revisão	*Suely Furukawa*
Textos de capa	*Dida Bessana*
Diagramação	*Demetrios Cardozo*
Imagem de Capa	*Eugene Ivanov / Shutterstock.com*

Dados Internacionais de Catalogação na Publicação (CIP)
(Câmara Brasileira do Livro, SP, Brasil)

```
Nietzsche, Friedrich Wilhelm, 1844-1900
    Da utilidade e do inconveniente da história para a
vida / Nietzsche ; tradução Antonio Carlos Braga e
Ciro Mioranza ; Nietzsche. -- São Paulo : Lafonte,
2019.

    Título original: Vom Nutzen und Nachtheil der
Historie für das Leben
    ISBN 978-85-8186-332-0

    1. Filosofia alemã 2. História - Estudo e ensino
I. Título.

18-22875                                        CDD-193
```

Índices para catálogo sistemático:

1. Filosofia alemã   193

Cibele Maria Dias - Bibliotecária - CRB-8/9427

Editora Lafonte
Av. Profª Ida Kolb, 551, Casa Verde, CEP 02518-000, São Paulo-SP, Brasil
Tel.: (+55) 11 3855-2100, CEP 02518-000, São Paulo-SP, Brasil
Atendimento ao leitor (+55) 11 3855- 2216 / 11 – 3855 - 2213 – *atendimento@editoralafonte.com.br*
Venda de livros avulsos (+55) 11 3855- 2216 – *vendas@editoralafonte.com.br*
Venda de livros no atacado (+55) 11 3855-2275 – *atacado@escala.com.br*

Índice

Apresentação 7
Prefácio 9
Capítulo I 11
Capítulo II 21
Capítulo III 29
Capítulo IV 35
Capítulo V 43
Capítulo VI 49
Capítulo VII 59
Capítulo VIII 67
Capítulo IX 75
Capítulo X 87

APRESENTAÇÃO

História, civilização, cultura: três conceitos ligados ao passado; três realidades que se reportam a uma herança secular e milenar, sempre, portanto, remontando ao que foi dos que já viveram. E o presente teria de se espelhar nessas realidades, reviver o que já passou? Com o olhar voltado aos séculos e milênios que nos precederam, passar o tempo presente contemplando os monumentos deixados, as antiguidades perpetuadas, os mitos que foram criados, as guerras que devastaram, os conflitos que se sucederam, as religiões que se digladiaram, os erros – sempre mais marcantes que os acertos – cometidos, acumulados e repetidos que se transformaram em exemplos e modelos de ação da humanidade, isso tudo é história? Isso é representativo de uma civilização? Esses são os elementos que constituem o acervo de uma cultura? Segundo Nietzsche, isso é doença, é uma típica doença histórica. À medida que o presente repropõe esses modelos chamados históricos, imita. Ao imitar, reproduz. Ao reproduzir, não cria. Idolatra a história, a civilização, a cultura, trio terminológico que tem cheiro de passado, somente de passado. Esta é a doença histórica do homem moderno. A cura? Reside na exigência de criar novos valores, de viver o presente pelo presente, de projetar o futuro, de recriar o devir do homem...

Ao elaborar este texto, Nietzsche parte da análise da memória humana que, obviamente, se reporta aos tempos que já se foram. De fato, ao suportar o peso de sua memória, com o decorrer dos séculos, o homem se transforma em ser histórico. Mas, em vez de utilizar sua memória como ponto de partida, ele a considera como ponto de chegada, fato que o leva a viver voltado para as ações dos outros, dos antepassados. E se ilude. O homem moderno não sabe ou não tem coragem de cultivar o esquecimento da mesma forma que cultiva a memória. Por meio desta, passa a viver a ilusão de um retorno ao paraíso terrestre que, talvez, jamais tenha existido. E com a lembrança, o homem vive de fábulas e mitos, desestruturando-se intelectual, moral e espiritualmente.

O conhecimento dos fatos antigos, chamados históricos, afeta a interioridade e a exterioridade do homem que procura se conformar intimamente com mitos e heróis e que, externamente, se empenha em seguir seus modos de agir e de dominar. Com esse comportamento, assimila o despotismo da história e assume a máscara de seus personagens centrais. Para contrabalançar esse conhecimento histórico prejudicial, o autor contrapõe uma visão artística da história; por meio da arte, o homem se torna sublime, superior, próximo da divindade.

Por outro lado, o saber histórico tende a ser universal, a dominar desenfreadamente o intelecto que se volta para o passado, desarraigando toda possibilidade de projeção do e para o futuro, o que constituiria um contrassenso intolerável, uma doença incurável. Contra isso, o homem moderno deve reunir forças e convocar a vida, a vida presente e insubstituível que projeta sempre o futuro que, por sua vez, haverá de projetar novo futuro. É assim que a humanidade deve caminhar para frente, sem voltar-se ao passado ou voltar-se a ele somente com senso crítico, elogiando o que merece elogios e extraindo unicamente o que constitui um valor útil para o futuro, confiando sempre na juventude que, por sua impetuosidade e intemperança, sabe remover e destruir, criar e recriar, projetar e construir. Em suma, os velhos contam a história, os jovens fazem a história.

Ciro Mioranza

Prefácio

"De resto, detesto tudo o que só serve para me instruir sem aumentar minha atividade ou animá-la diretamente." Estas são palavras de Goethe[1], com as quais, como um *Ceterum censeo*[2] corajosamente expresso, se poderia começar nossa consideração sobre o valor e o não-valor dos estudos históricos. Vamos expor por que o ensino, sem a vivificação, por que a ciência que paralisa a atividade, por que a história, precioso supérfluo do conhecimento e artigo de luxo, devem ser seriamente, segundo as palavras de Goethe, objeto de ódio – porque ainda sentimos falta hoje daquilo que há de mais necessário, pois o supérfluo é inimigo do necessário. Certamente temos necessidade da história, mas de modo totalmente diferente de que tem necessidade o ocioso passeador pelos jardins da ciência, qualquer que seja o desdém que este lance, do alto de sua grandeza, sobre nossas necessidades e nossas carências rudes e indesejáveis. Isso significa necessitamos da história para viver e para agir e não para nos desviarmos negligentemente da vida e da ação ou ainda para embelezar a vida egoísta e a ação desleixada e má. Há, porém, uma maneira de encarar a história e fazer história, graças à qual a vida se estiola e degenera. Esse é um fenômeno que agora é tão necessário quanto doloroso fazer conhecer, segundo os singulares sintomas de nosso tempo.

---
(1) Johann Wolfgang von Goethe (1749-1832), escritor, erudito e político alemão (NT).
(2) Expressão latina que significa "considero o resto, estimo o resto" (NT).

Eu me esforcei em descrever um sentimento que muitas vezes me atormentou. Vingo-me desse sentimento fazendo divulgação dele. Talvez se encontre alguém que, por causa de minha descrição, se sinta impelido a declarar que ele também conhece esse sentimento, mas que eu não o senti de maneira bastante pura e original, de modo que não teria chegado a exprimi-lo com a precisão e a maturidade de juízo que a matéria requer. Seria talvez esse o caso de um ou outro, mas quase todos os meus leitores me dirão que meu sentimento é absolutamente falso, abominável, antinatural e ilícito e que, além do mais, ao manifestá-lo, me mostrei indigno da poderosa corrente histórica tal como se produziu, como sabemos, há duas gerações, especialmente entre os alemães. Ora, é certo que, ao me arriscar a descrever meu sentimento ao natural, apresso antes de retardar as conveniências universais, pois, desse modo, dou a muitos a oportunidade de glorificar a mencionada corrente. De minha parte, contudo, ganho algo que é ainda mais precioso para mim que as conveniências, ou seja, ser instruído e esclarecido publicamente a respeito de nossa época.

Inatual, esta consideração o é também porque tento interpretar como um mal uma enfermidade e um vício, algo de que nossa época é orgulhosa a justo título – sua cultura histórica – porque creio até que todos nós sofremos de uma febre histórica e porque todos deveríamos reconhecer que assim é. Goethe, com toda a razão, disse que, ao mesmo tempo em que cultivamos nossas virtudes, cultivamos também nossos vícios. Todos sabem que uma virtude hipertrofiada – e o sentido histórico de nossa época me parece ser uma delas – pode acarretar a queda de um povo bem como um vício hipertrofiado. Que me deixem, pois, fazer! Diria, desculpando-me, que as experiências que provocaram em mim essas torturas, eu as realizei quase sempre em mim mesmo e foi somente por comparação que me servi das experiências dos outros. Sendo também aluno dos tempos antigos, especialmente da Grécia, adquiri comigo mesmo, como filho deste tempo, as experiências que chamo inatuais. Pelo menos isso tenho o direito de conceder a mim mesmo, por meio de minha profissão de filólogo clássico. De fato, não sei que objetivo poderia ter a filologia clássica, em nossa época, se não fosse o de agir de maneira inatual, isto é, contra o tempo e, por isso mesmo, sobre o tempo, em favor, assim espero, de um tempo por vir.

Capítulo I

Contempla o rebanho que passa diante de ti pastando. Não sabe o que era ontem nem o que é hoje: corre daqui para lá, come, descansa e torna a correr e assim de manhã à noite, dia após dia, qualquer que seja seu prazer ou seu desprazer. Amarrado ao piquete do momento, não manifesta melancolia nem aborrecimento. O homem se entristece ao ver semelhante coisa, porque se dá ares de importância diante do animal e, no entanto, inveja a felicidade deste. De fato, é isso o que quer: não experimentar, como o animal, nem desgosto nem sofrimento e, no entanto, ele o quer de outro modo, porque não pode querer como o animal. Talvez tenha um dia ocorrido ao homem a vontade de perguntar ao animal: "Por que não me falas de tua felicidade e por que não fazes outra coisa senão me olhar?" E o animal quis responder e dizer: "Isso acontece porque esqueço sempre o que pretendo responder." Ora, enquanto o animal preparava essa resposta, já a tinha esquecido e se calou, de modo que o homem ficou surpreso.

Mas ficou surpreso também consigo mesmo, porque não podia aprender a esquecer e porque ficava sem cessar agarrado ao passado. Por mais que faça, que se ponha a correr para longe, que apresse o passo, a corrente sempre corre com ele. É uma maravilha: o momento está ali num piscar de olhos e, num piscar de olhos, desaparece. Antes foi o nada, depois será o nada, mas o momento retorna para perturbar o descanso do momento por vir. Sem cessar uma página se destaca do livro do tempo, cai, voa para longe, para retornar e cair sobre os joelhos do homem. Então o homem diz: "Eu me lembro." E imita o animal que logo esquece e que vê cada momento morrer verdadeiramente, voltar à noite e se extinguir para sempre. É assim que o animal vive de uma forma *não-histórica*: pois, ele se reduz no tempo, como um número, sem que fique uma fração bizarra. Não sabe simular, não esconde nada e aparece sempre igual a si mesmo, sua sinceridade é, portanto, involuntária. O homem, em contrapartida, se escora contra o peso sempre mais intenso do passado. Esse peso o acabrunha ou o inclina para o lado, torna seu passo pesado, como um invisível e obscuro fardo. Pode negá-lo na aparência, o que gosta de fazer na presença de seus semelhantes, para despertar neles a inveja. É por isso que fica emocionado, como se se lembrasse do paraíso perdido, ao ver o rebanho pastando ou também, bem perto dele, numa loja familiar, a criança que ainda não tem nada a renegar do passado e que, entre os recintos de hoje e aqueles de amanhã, se entrega a seus brinquedos numa feliz cegueira. Entretanto, a criança não poderá brincar sempre, sem ser assaltada por problemas. Cedo demais é levada a sair do esquecimento. Então passa a compreender a palavra "era", essa palavra de ligação com a qual a luta, o sofrimento e o desgosto se aproximam do homem, para levá-lo a lembrar-se daquilo que sua existência é realmente: um imperfeito para sempre imperfectível. Quando finalmente a morte traz o esquecimento tão desejado, ela rouba também o presente e a vida. Ela apõe ao mesmo tempo seu selo sobre essa convicção de que a existência não passa de uma sucessão ininterrupta de acontecimentos passados, uma coisa que vive se negando e se destruindo a si mesma, contradizendo-se sem cessar.

Se é uma felicidade, uma necessidade ávida de nova felicidade que, num sentido qualquer, liga o vivo à vida e o impele a continuar a viver, nenhum filósofo talvez tem tanta razão como o cínico: pois, a felicidade do animal, que é a forma mais completa de cinismo, é a prova viva dos direitos do cínico. A menor felicidade, contanto que seja ininterrupta e torne feliz, encerra, sem contestação, uma dose superior de felicidade que a maior de todas, a qual só acontece como um episódio, de alguma forma como fantasia, como uma ideia louca, no meio dos aborrecimentos, dos desejos e das privações. Mas tanto a menor como a maior felicidade são sempre criadas por uma coisa: o poder de esquecer ou, para me expressar como sábio, a faculdade de sentir, abstração feita de toda ideia histórica, durante toda a duração da felicidade. Aquele que não sabe repousar no limiar do momento, esquecendo todo o passado, aquele que não sabe se soerguer, como o gênio da vitória, sem vertigens e sem temor, nunca vai saber o que é a felicidade e, o que é pior, nunca vai fazer algo que possa tornar felizes os outros. Imaginem o exemplo mais completo: um homem que estivesse absolutamente desprovido da faculdade de esquecer e que fosse condenado a ver, em todas as coisas, o futuro. Semelhante homem não acreditaria mais em seu próprio ser, não acreditaria mais em si mesmo. Veria todas as coisas se desenvolvendo numa série de pontos que se movem e se perderia nesse mar do futuro. Como verdadeiro aluno de Heráclito[1], acabaria por não ousar mais levantar um dedo. Toda ação exige esquecimento, como todo organismo necessita, não somente de luz, mas também de escuridão. Um homem que só quisesse sentir de forma puramente histórica se assemelharia a alguém que tivesse sido forçado a se privar do sono ou também a um animal que tivesse sido condenado a ruminar sem cessar os mesmos alimentos. É possível, portanto, viver sem quase se lembrar, viver até mesmo feliz, como o animal, mas é absolutamente impossível viver sem esquecer. Se eu tivesse de me expressar, sobre este assunto, de maneira mais simples ainda, diria: *há um grau de insônia, de ruminação, de sentido histórico que prejudica o ser vivo e acaba por aniquilá-lo, quer se trate de um homem, de um povo ou de uma civilização.*

Para poder determinar esse grau e, por meio deste, os limites onde o passado deve ser esquecido, sob pena de tornar-se o coveiro do presente, seria necessário conhecer exatamente a *força plástica* de um homem, de um povo, de uma civilização, isto é, essa força que permite desenvolver-se fora de si mesmo, de uma forma que lhe é própria, que permite transformar e incorporar as coisas do passado, curar e cicatrizar feridas, substituir o que foi perdido, refazer por si mesmo formas rompidas. Há homens que possuem essa força em grau tão ínfimo que um só acontecimento, uma só dor, às vezes até mesmo uma única pequena injustiça os leva a perecer irremediavelmente, como se todo o seu sangue escorresse por uma pequena ferida. Há outros, contudo, que os acidentes mais rudes e mais espantosos da vida tocam tão pouco, para os quais os efeitos de sua própria maldade têm tão

---

(1) Heráclito de Éfeso (550-480 a.C.), filósofo grego (NT).

pouca influência que, no meio da crise mais violenta ou logo após essa crise, chegam a um bem-estar satisfatório, a uma forma de consciência tranquila. Quanto mais a natureza interior de um homem possuir fortes raízes, tanto mais vai se apropriar de parcelas do passado. E se quiséssemos imaginar a natureza mais poderosa e mais formidável, poderíamos reconhecê-la no fato de que ignoraria os limites em que o sentido histórico pudesse agir de uma forma prejudicial ou parasitária. Essa natureza atrairia sobre si tudo o que pertence ao passado, quer seja o dela própria, quer seja o da história, ela o absorveria para transmutá-lo de alguma forma em sangue. O que semelhante natureza não domina, ela sabe esquecer. O que ela esquece não existe mais. O horizonte está fechado e forma um todo. Nada poderia fazer lembrar que além desse horizonte há homens, paixões, doutrinas e objetivos. Esta é uma lei universal: tudo o que é vivo não pode tornar-se sadio, forte e fecundo senão dentro dos limites de determinado horizonte. Se o organismo for incapaz de traçar em torno dele um horizonte, se por outro lado é impelido demasiadamente para fins pessoais a fim de conferir ao que é estranho um caráter individual, ele se encaminha, estéril ou apressadamente, para um rápido declínio. A serenidade, a boa consciência, a atividade alegre, a confiança no futuro – tudo isso depende, no indivíduo como no povo, da existência de uma linha de demarcação que separe o que é claro, o que se pode abranger com o olhar, daquilo que é obscuro e fora de alcance, depende da faculdade de esquecer no momento preciso bem como, quando isso for necessário, de lembrar-se no momento preciso, depende do instinto vigoroso que se põe para sentir se e quando é necessário ver as coisas do ponto de vista histórico, se e quando é necessário ver as coisas do ponto de vista não-histórico. E aqui está precisamente a proposição que o leitor é convidado a considerar: *o ponto de vista histórico, bem como o ponto de vista não-histórico, são necessários para a saúde de um indivíduo, de um povo e de uma civilização.*

  Todos gostariam aqui de fazer uma observação: os conhecimentos e os sentimentos históricos de um homem podem ser muito limitados, seu horizonte pode ser muito restrito, como o de um habitante de um vale dos Alpes; em cada julgamento poderia inserir uma injustiça, para cada conceito poderia cometer o erro de acreditar que é o primeiro a formulá-lo. Apesar de todas as injustiças e de todos os erros, conservará seu insuperável vigor e sua saúde alegrará todos os olhos. E, bem perto dele, aquele que é infinitamente mais justo e mais sábio vai se estiolar e caminhar para sua ruína, porque as linhas de seu horizonte são instáveis e se deslocam sempre e de novo, porque não chega a se desvencilhar das finas redes que seu espírito de equidade e de veracidade estendem em torno dele, para se entregar a uma dura vontade, a aspirações brutais. Vimos que, pelo contrário, o animal, inteiramente desprovido de conceitos históricos, limitado por um horizonte composto de alguma forma de pontos, vive, no entanto, numa felicidade relativa e pelo menos sem aborrecimento, ignorando a necessidade de simular. A faculdade de poder sentir, em certa medida, de uma maneira não-histórica deveria, portanto, ser considerada por nós como a faculdade mais importante, como uma faculdade primordial, porquanto encerra o único fundamento sobre o qual se pode edificar algo de sólido, de saudável e grande, algo de verdadeiramente humano. O que é não-histórico se assemelha a uma atmosfera ambiente, onde unicamente se pode gerar a vida, para desaparecer de novo com a aniquilação dessa atmosfera. Na verdade, o homem só se torna homem quando chega pensando, repensando, comparando, separando e reunindo a restringir esse elemento não-histórico. Na névoa que o envolve, surge então um raio de luz intensa e adquire a força de utilizar o que é passado, em função da vida, para transformar os acontecimentos em história. Mas quando as lembranças históricas se tornam esmagadoras demais, o homem cessa novamente de ser e, se não tivesse possuído essa ambientação não-histórica, jamais teria começado a ser, jamais teria ousado começar. Onde há atos que o homem pudesse ter sido capaz de realizar sem se ter envolvido antes com essa névoa não-histórica?

Deixemos de lado, porém, as imagens e ilustremos nossa demonstração por um exemplo. Imaginemos um homem sacudido ou arrastado por uma paixão violenta, seja por uma mulher, seja por uma grande ideia. Como o mundo se transforma a seus olhos! Quando olha para trás, se sente cego, o que se passa a seu lado lhe é estranho, como se ouvisse sons vagos e sem significado; o que percebe, jamais o percebeu desse modo, com tanta intensidade, de uma maneira tão verdadeira, tão próxima, tão colorida e tão iluminada, como se fosse tomado por todos os sentidos de uma só vez. Para ele, todas as avaliações mudaram e se depreciaram. Há tantas coisas de que não gosta mais, porque mal as sente. Ele se pergunta se por muito tempo foi vítima idiota de palavras estranhas, de opiniões estranhas; fica surpreso pelo fato de que sua memória gire infatigavelmente no mesmo círculo e que, no entanto, seja muito fraca e esteja muito cansada para dar somente um único salto para fora desse círculo. Essa é a condição mais injusta que se possa imaginar, é estreita, ingrata para com o passado, cega diante do perigo, surda aos avisos; diríamos um pequeno turbilhão vivendo num mar morto de noite e de esquecimento. E, no entanto, de semelhante estado de espírito, por mais não-histórico e anti-histórico que seja, se originou não somente a ação injusta, mas também toda ação verdadeira; nenhum artista poderá realizar sua obra, nenhum general poderá conquistar sua vitória, nenhum povo sua liberdade, sem tê-las desejado e aspirado a elas previamente em semelhante condição não-histórica. Do mesmo modo que aquele que age, segundo a expressão de Goethe, está sempre sem consciência, também está sempre desprovido de ciência. Esquece a maioria das coisas para realizar uma só. É injusto para aquele que está atrás dele e só conhece um único direito, o direito do que está prestes a ser. Assim, todos aqueles que agem, amam sua ação infinitamente mais do que merece ser amada. E as melhores ações são realizadas em tal transbordamento de amor que são certamente indignas desse amor, embora seu valor seja incalculável.

Se alguém fosse capaz de se inserir na atmosfera não-histórica, para farejar e compreender os numerosos casos de grandes acontecimentos históricos que nela tiveram origem, seria talvez o mesmo, enquanto ser conhecedor, que se elevar a um ponto de vista supra-histórico, assim como o descreveu Niebuhr[2], como resultado possível das considerações históricas.

"A história, diz ele, compreendida de uma maneira clara e detalhada, serve pelo menos a uma coisa: a convencer-se de que os espíritos mais elevados de nossa espécie humana não sabem quão fortuito é o conceito, que é próprio deles e que impõem com violência aos outros – com violência, porque a intensidade de sua consciência é extremamente viva. Aquele que não tem a certeza desse fato e não fez a experiência em numerosos casos, esse se deixa abater pelo aparecimento de um espírito poderoso que quer a paixão mais elevada numa forma determinada." Seria necessário denominar de supra-histórico esse ponto de vista, porque aquele que se inserisse nele não poderia mais ter nenhuma tentação para continuar vivendo e participar da história,

---

(2) Barthold Georg Niebuhr (1776-1831), historiador e diplomata alemão (NT).

precisamente pelo fato de que teria reconhecido a existência desta única condição indispensável a toda ação: a cegueira e a injustiça na alma de quem age. Estaria até mesmo curado da tendência de levar doravante a história desmesuradamente a sério. De fato, diante de cada homem, diante de cada acontecimento, entre os gregos ou os turcos, quer se tratasse ora do século I, ora do século XIX, teria aprendido a resolver a questão de saber por que e como vivemos. Aquele que perguntasse a seus amigos se estariam tentados a reviver os dez ou vinte últimos anos de sua vida, passaria facilmente a reconhecer qual deles está preparado para esse ponto de vista supra-histórico. É verdade que todos responderiam *não*, mas esse *não* seria motivado de maneira diferente. Alguns haveriam talvez de esperar com confiança que "os vinte próximos anos fossem melhores". São aqueles de quem David Hume[3] diz ironicamente:

E dos resíduos da vida esperam receber
O que a primeira alegre etapa não pôde dar.

Queremos designá-los de homens históricos. Um olhar lançado ao passado os impele a prejulgar o futuro, lhes dá a coragem de lutar ainda com a vida, faz surgir neles a esperança que o bem acabará por vir, que a felicidade está atrás da montanha da qual se aproximam. Esses homens históricos imaginam que o sentido da vida vai lhes aparecer à medida que perceberem o desenvolvimento desta; olham para trás para compreender o presente, pela contemplação do passado, para aprender a desejar o futuro com mais violência. Não sabem como pensam e agem de uma maneira não-histórica, apesar de sua História, e como seus estudos históricos, em vez de estar a serviço do conhecimento puro, estão na realidade a serviço da vida.

Mas essa questão, à qual demos a primeira resposta, pode também ser resolvida de forma diferente. É verdade que uma vez mais é por meio de uma negação, mas por uma negação que se baseia em argumentos diferentes. A negação do homem supra-histórico não vê a salvação no desenvolvimento, mas, pelo contrário, considera que o mundo acabou e atingiu seu fim em cada momento particular. Que poderíamos aprender de dez novos anos, a não ser o que os dez anos decorridos já ensinaram!?

---

(3) David Hume (1711-1776), filósofo, historiador e economista escocês. (NT).

Saber se o sentido desse ensinamento é a felicidade ou a resignação, a virtude ou a penitência, é sobre isso que os homens supra-históricos nunca concordaram entre si. Mas com relação a toda consideração histórica do passado, são unânimes em declarar que o passado e o presente são idênticos, isto é, que com toda a sua diversidade se assemelham de uma forma típica. Apresentam normas imutáveis e onipresentes, um organismo imóvel de valor estável e de significado sempre similar. Do mesmo modo que cem línguas diferentes correspondem às mesmas necessidades típicas e determinadas dos homens, de modo que alguém que compreendesse essas necessidades, de todas as línguas nada de novo teria a aprender, assim também o pensador supra-histórico projeta uma luz interior sobre toda a história dos povos e dos indivíduos, adivinhando, como visionário, o sentido primitivo dos diferentes hieróglifos, evitando até mesmo, com desleixo, os sinais cujo número aumenta dia após dia. De fato, como, na abundância infinita dos acontecimentos, não se haveria de chegar à saciedade, à supersaturação e mesmo ao desgosto? De modo que o mais audacioso acabaria talvez por estar pronto a dizer a seu coração, com Giacomo Leopardi[4]:

Nada vive que seja digno
De teus ímpetos e a terra não merece um suspiro.
Dor e aborrecimento, esse é nosso ser e o mundo é lama
– nada mais que isso.
Fica tranquilo.

Deixemos, porém, os homens supra-históricos com seu desgosto e com sua sabedoria. Hoje queremos, ao contrário, nos regozijar de todo o coração com nossa falta de sabedoria e aproveitar nosso belo tempo como homens de ação e de progresso, como veneradores da evolução. Pode ser que nossa estima pelo desenvolvimento histórico não passe de um preconceito ocidental, contanto que aprendamos sempre mais a fazer história *em função da vida*! Então concederíamos de boa vontade aos supra-históricos que eles possuem mais sabedoria que nós, sob a condição, bem entendido, que pudéssemos ter certeza de possuir a vida num grau superior, pois então nossa falta de sabedoria teria mais futuro que a própria sabedoria deles. E para que não subsista dúvida alguma sobre o sentido dessa antinomia entre a vida e a sabedoria,

---

(4) Giacomo Leopardi (1798-1837), poeta e escritor italiano (NT).

quero chamar em meu auxílio um procedimento que, há muito tempo, deu provas de sua eficácia e estabelecer diretamente algumas teses.

Um fenômeno histórico estudado de maneira absoluta e completa e reduzido em fenômeno do conhecimento está morto para aquele que o estudou, pois, ao mesmo tempo reconheceu a loucura, a injustiça, a paixão cega, em geral todo o horizonte obscuro e terrestre desse fenômeno e por isso mesmo seu poder histórico. A partir de então, esse poder, para aquele que sabe, se tornou sem poder, mas, para aquele que vive, talvez não seja ainda poder.

A história, considerada como ciência pura tornada soberana, seria, para a humanidade, uma espécie de conclusão e balanço da vida. A cultura histórica, em contrapartida, só é benfazeja e cheia de promessas para o futuro quando caminha ao lado de uma poderosa e nova corrente da vida, uma civilização prestes a se formar, portanto, unicamente quando é dominada e conduzida por um poder superior e quando ela própria não domina e não conduz.

A história, por mais que esteja colocada a serviço da vida, está a serviço de um poder não-histórico e, por causa disso, nesse estado de subordinação, não poderia e não deveria jamais ser uma ciência pura, como o é, por exemplo, a matemática. Mas a questão de saber até que ponto a vida necessita, de forma geral, dos serviços da história, esse é um dos problemas mais elevados, um dos maiores interesses da vida, pois, trata-se da saúde de um homem, de um povo, de uma civilização. Quando a história adquire um predomínio demasiado grande, a vida se esmigalha e degenera e, no final das contas, a própria história padece dessa degenerescência.

Capítulo II

A vida necessita dos serviços da história, mas é necessário também convencer-se dessa outra proposição que deverá ser demonstrada mais adiante, ou seja, que o excesso de estudos históricos é prejudicial aos seres vivos. A história pertence ao ser vivo sob três aspectos: ela lhe pertence porque o ser vivo é ativo e aspira, porque ele conserva e venera, porque ele sofre e necessita de libertação. A essa trindade de aspectos correspondem três espécies de história, se for permitido distinguir, no estudo da história, um ponto de vista *monumental*, um ponto de vista *antiquado* e um ponto de vista *crítico*.

A história pertence antes de tudo ao ser ativo e ao poderoso, àquele que participa de uma grande luta e que, necessitando de mestres, por exemplo, de consoladores, não poderia encontrá-los entre seus companheiros e no momento presente. É assim que a história pertence a Schiller[5], pois, dizia Goethe[6], nosso tempo é tão ruim que o poeta, na vida humana que o cerca, não encontra mais natureza que possa utilizar. Aludindo aos homens ativos, Políbio[7] denomina, por exemplo, a história política de verdadeira preparação ao governo de um Estado e o melhor ensino que, ao nos levar a relembrar as desgraças dos outros, nos exorta a suportar com firmeza as alternativas da oportunidade.

---

(5) Friedrich von Schiller (1750-1805), escritor alemão (NT).
(6) Johann Wolfgang von Goethe (1749-1832), escritor, político e erudito alemão (NT).
(7) Políbio (200?-120? a.C.), historiador grego (NT).

Aquele que aprendeu a interpretar desse modo o sentido da história deve se entristecer ao ver viajantes indiscretos ou minuciosos micrólogos sobre as pirâmides de um passado glorioso. Sobre os lugares que o incitam a seguir um exemplo ou a fazer melhor, não deseja encontrar o desocupado que, ávido de distrações ou de sensações, passeia por lá como entre os tesouros acumulados de uma galeria de quadros. O homem ativo, misturado com os desocupados, fracos e sem esperança, entre os companheiros só aparentemente ocupados, mas que só fazem agitar-se e debater-se, para que não chegue a se desesperar e a sentir-se aborrecido, necessita olhar atrás dele. Interrompe sua corrida para o objetivo para respirar. Mas seu objetivo é uma felicidade qualquer, talvez nem seja a sua; muitas vezes é aquela de um povo ou da humanidade inteira. Recua diante da resignação e a história lhe é um remédio contra a resignação. Na maioria das vezes, nenhuma recompensa o espera, a não ser a glória, isto é, a expectativa de um lugar de honra no templo da história, onde ele próprio poderia ser, para aqueles que vierem mais tarde, mestre, consolador e admoestador. De fato, seu mandamento lhe diz que aquele que foi outrora capaz de ampliar o conceito do "homem" e de realizar esse conceito com maior beleza deveria existir eternamente para ser eternamente capaz da mesma coisa.

Que os grandes momentos na luta dos indivíduos formem uma corrente, que os cumes da humanidade se unam nas alturas através de milhares de anos, que para mim o que há de mais elevado num desses momentos passados há muito esteja ainda vivo, claro e grande – essa é a ideia fundamental oculta na fé na humanidade, a ideia que se exprime pela reivindicação de uma *história monumental*. Mas é precisamente por causa dessa reivindicação: o que é grande deve ser eterno, que a luta mais terrível se desencadeie. De fato, todo o resto, tudo o que ainda está vivo grita: *não*! O que é *monumental* não deve ter o direito de se formar – essa é a palavra de ordem contrária. O hábito apático, tudo o que é pequeno e baixo e que se faz presente em todos os recantos do mundo espalha sua pesada atmosfera em torno de tudo o que é grande, joga seus entraves e suas trapaças no caminho que o sublime deve percorrer para chegar à imortalidade. Esse caminho, contudo, atravessa cérebros humanos, cérebros de animais inquietos e efêmeros, sempre agitados pelos mesmos males que têm dificuldade em lutar, por pouco tempo, contra a destruição! De fato, antes de tudo, esses seres só querem uma coisa: viver a qualquer custo. Quem, pois, entre eles poderia supor essa difícil corrida da tocha da *história monumental*, unicamente para que o sublime sobrevivesse! E, no entanto, entre os homens, nascem sempre alguns que, olhando para a grandeza do passado, fortalecidos por essa contemplação, se sentem de tal modo inebriados que se poderia crer que a vida humana é uma coisa maravilhosa, que o mais belo fruto dessa planta amarga seria conhecer que outrora houve um que, forte e orgulhoso, atravessou a existência, outro que a atravessou com melancolia, um terceiro com pena e compaixão – ao mesmo tempo que deixava, contudo, um só ensinamento, ou seja, que vive da forma mais maravilhosa unicamente aquele que não aprecia a vida. Enquanto o homem comum leva a sério esse curto espaço de tempo, enquanto o considera tristemente desejável, aqueles, pelo contrário, no caminho que leva à imortalidade e à *história monumental*, chegaram a se elevar até o riso olímpico ou, pelo menos, a um sublime desdém; muitas vezes desceram com ironia num túmulo – pois, o que havia neles para ser enterrado? Somente aquilo que sempre os havia oprimido, uma vez que era escória, dejeto, vaidade, animalidade, e que agora cai no esquecimento, depois de ter abandonado há muito tempo seu próprio desprezo. Mas uma coisa vai viver, o monograma de sua essência mais íntima, uma obra, uma ação, uma claridade singular, uma criação: vai viver porque posteridade alguma poderia prescindir dela. Sob essa forma transfigurada, a glória é bem outra coisa que a esquisita pastagem de nosso amor-próprio, como a chamou Schopenhauer[8]; ela é a fé na homogeneidade e a continuidade daquilo que é sublime em todos os tempos, é o protesto contra a mudança das espécies e a instabilidade.

Por que, pois, a contemplação monumental do passado, o interesse por aquilo que é clássico e raro nos tempos decorridos, pode ser útil ao homem de hoje? O homem concluiu que o sublime que *existiu* outrora certamente foi *possível* outrora e, por conseguinte, será ainda possível algum dia. Segue corajosamente seu caminho, pois, agora afastou a dúvida que o assaltava nas horas de fraqueza e o levava a perguntar-se se não estava querendo o impossível. Admitamos que alguém seja persuadido que uma centena de homens produtivos, educados e agindo num espírito novo, fosse suficiente para dar o golpe de graça ao intelectualismo, hoje na moda na Alemanha, como sua convicção se fortaleceria se percebesse que a civilização da Renascença se erguia

---

(8) Arthur Schopenhauer (1788-1860), filósofo alemão (NT).

sobre os ombros de semelhante legião, composta somente de uma centena de homens.

E, no entanto – que o mesmo exemplo nos ensine algo de novo – como essa comparação seria flutuante e inexata. Quantas coisas passadas, se esse retorno ao passado deva ter seu efeito fortalecedor, deveriam ser negligenciadas! A individualidade de outrora deveria ser deformada e violentamente generalizada, desembaraçada de suas asperezas e de suas linhas precisas, em favor de uma concordância artificial. No fundo, o que foi possível outrora não poderia se reproduzir uma segunda vez, a menos que os pitagóricos tivessem razão em acreditar que uma mesma constelação dos corpos celestes produzisse até nos mínimos detalhes os mesmos acontecimentos na terra, de modo que, quando as estrelas ocuparem a mesma posição umas com relação às outras, um estoico[9] se uniria a um epicurista[10], César[11] seria assassinado e, de novo, em outras condições, Colombo[12] descobriria a América. Se a terra recomeçasse cada vez seu espetáculo após o final do quinto ato, se fosse certo que o mesmo encadeamento dos motivos, o mesmo *deus ex machina*[13], a mesma catástrofe fosse apresentada em intervalos determinados, somente então o homem poderoso poderia reivindicar a *história monumental*, em toda a sua veracidade icônica, exigindo cada fato segundo sua particularidade exatamente descrita. Isso provavelmente não será o caso antes que os astrônomos se tornem astrólogos. Até lá a *história monumental* não poderá usar essa plena veracidade, sempre haverá de recriminar o que é desigual, haverá de generalizar para tornar equivalente, sempre haverá de enfraquecer a diferença dos móveis e dos motivos, para apresentar os acontecimentos à custa dos efeitos e das causas, sob

---

(9) Seguidor do estoicismo, doutrina filosófica e moral fundada pelo grego Zenon de Cítio (335-264 a.C.). A máxima da moral estoica era "Suporta e abstém-te", o que transmite a ideia de renúncia, de desapego, de rigor e austeridade na prática da virtude. Na realidade, a filosofia estoica era bem mais abrangente, embora exigisse esforço contínuo na perseguição do bem supremo e da equilibrada e moderada; de fato, a virtude consiste, na visão do estoicismo, em viver segundo a natureza, em aproveitar a vida como ela é, privilegiando sempre, contudo, a renúncia, o esforço, o equilíbrio, a moderação (NT).

(10) Seguidor do epicurismo, doutrina filosófica e moral fundada pelo filósofo grego Epicuro (341-270 a.C.). Essa doutrina tem fundamentos materialistas, pregando a satisfação de tudo o que contribui para o prazer, o desfrute dos bens materiais e espirituais do mundo, mas não de modo libertino; pelo contrário, com ponderação e medida, a fim de usufruir com maior intensidade a excelência dos bens oferecidos pela natureza que, em si, é essencialmente boa (NT).

(11) Caius Julius Caesar (103-44 a.C.), general e imperador romano, que morreu assassinado, vítima de um complô de senadores e outros políticos (NT)

(12) Cristoforo Colombo (1450-1506), navegador italiano e descobridor da América (NT).

(13) Expressão latina que significa "deus que vem pela máquina, deus que aparece por meio da máquina" e que teve origem nas representações teatrais de tragédias gregas: a intervenção de uma divindade em cena era realizada pela descida do alto do palco de um ator ou de um boneco, viabilizada por um maquinismo apropriado (NT).

seu aspecto monumental, ou seja, como monumentos dignos de ser imitados. Como ela faz sempre abstração das causas, poderíamos, pois, considerar a história monumental, sem exagerar muito, como uma coleção de "efeitos em si", isto é, de acontecimentos que, em todos os tempos, poderão causar efeito.

O que se celebra nas festas populares, nos aniversários religiosos ou militares, é em resumo um desses "efeitos em si". É o que impede os ambiciosos de dormir, o que, para os felizes empreendedores, é como um amuleto que trazem em seu coração, mas não é a verdadeira conexão histórica de causa a efeito que, se fosse conhecida em seu conjunto, demonstraria somente que nunca mais algo de absolutamente idêntico poderá sair da jogada de dados do futuro e do acaso.

Enquanto a alma dos estudos históricos se basear nos grandes impulsos que um homem poderoso pode receber deles, enquanto o passado tiver de ser descrito como se fosse digno de ser imitado, como se fosse imitável e possível uma segunda vez, esse passado correria o risco de ser deformado, embelezado, desviado de seu significado e, por isso mesmo, sua descrição se assemelharia a poesia livremente imaginada. Há até mesmo épocas que não são capazes de distinguir um passado monumental de uma ficção mítica, pois, os mesmos impulsos podem ser detectados num e noutro. Portanto, quando a consideração monumental do passado domina as outras maneiras de considerar as coisas, quero dizer as maneiras *antiquadas* e *críticas*, o próprio passado padece com isso. Períodos inteiros são esquecidos, são desprezados, são deixados se escoar como uma grande onda cinzenta da qual só emergem alguns fatos semelhantes a ilhotas enfeitadas. Os raros personagens que se tornam visíveis possuem algo de artificial e de maravilhoso, algo que se assemelha a esse quadril dourado que os discípulos de Pitágoras[14] queriam reconhecer em seu mestre. A *história monumental* engana pelas analogias. Por sedutoras assimilações, impele o homem corajoso a empresas temerárias, impele o entusiasmo ao fanatismo. E se imaginarmos essa forma de história nas mãos de gênios egoístas, de fanáticos malfeitores, impérios serão destruídos, príncipes serão assassinados, guerras e revoluções serão fomentadas e o número desses efeitos históricos "em si", isto é, efeitos sem causas suficientes, será aumentado ainda mais. São suficientes essas indicações

---

(14) Pitágoras (sec. VI a.C.), matemático e filósofo grego (NT).

para fazer lembrar danos que a *história monumental* pode causar entre os homens poderosos e ativos, quer sejam bons ou maus. Tanto mais nefastos serão ainda seus efeitos quando os impotentes e os inativos dela se apoderarem e dela se servirem.

Tomemos o exemplo mais simples e mais frequente. Imaginemos as naturezas antiartísticas ou dotadas de fraco pendor artístico, armadas e equipadas de ideias tomadas da história monumental da arte. Contra quem essas naturezas dirigirão suas armas? Contra seus inimigos hereditários: os temperamentos artísticos fortemente dotados, por conseguinte, contra aqueles que são os únicos capazes de aprender alguma coisa nos acontecimentos históricos assim apresentados, capazes de tirar partido deles para a vida e capazes de transformar o que aprenderam numa prática superior. A esses é que barramos o caminho, a esses é que escurecemos a atmosfera, quando nos dispomos a dançar servilmente e com zelo em torno de um glorioso monumento do passado, qualquer que seja ele e sem tê-lo compreendido, como se quiséssemos dizer: "Vejam, essa é a arte verdadeira e verídica. Que lhes importam aqueles que ainda são prisioneiros do devir e do querer!" Essa multidão que dança possui, aparentemente, o privilégio do "bom gosto", pois, o criador sempre se viu em desvantagem diante daquele que só observava sem pôr ele mesmo a mão na massa, do mesmo modo que, desde sempre, o orador de botequim parecia mais sábio, mais justo e mais sério que o homem de Estado que governa. Se chegarmos até a decidir de transferir para o domínio da arte o hábito do sufrágio popular e da maioria, para forçar de algum modo o artista a se defender diante de um fórum de esteticistas ociosos, podemos jurar de antemão que será condenado. Não, como poderíamos crer, apesar do cânon da arte *monumental*, mas porque seus juízes proclamaram solenemente que esse cânone (aquele da arte, segundo as explicações dadas, "produziu efeito" desde sempre). Pelo contrário, para a arte que não é ainda *monumental*, isto é, a contemporânea, falta-lhes primeiramente a necessidade, em segundo lugar a vocação, em terceiro lugar precisamente a autoridade da história. Em contrapartida, seu instinto lhes ensina que se pode matar a arte pela arte. Sob hipótese alguma, para eles, o *monumental* deve se formar novamente e como argumento se servem daquilo que extrai do passado sua autoridade e seu caráter *monumental*. Desse modo, aparecem como conhecedores da arte, porque gostariam de suprimir a arte; dão-se ares de médicos, enquanto que no fundo se comportam como envenenadores. Assim, desenvolvem seu sentido e seu gosto para explicar, por seus hábitos de crianças mimadas, porque rejeitam com tanta insistência tudo o que lhes é oferecido como verdadeiro alimento de arte. De fato, não querem que algo de grande possa se formar. Seu método é afirmar: "Vejam, o que é grande já existe!" Na verdade, esse algo grande que já existe os atinge tão pouco como aquele algo que está prestes a se formar. Sua vida é testemunho disso. A *história monumental* é o mascaramento que toma seu ódio dos grandes e dos poderosos de seu tempo, o mascaramento que tentam fazer passar por admiração saturada dos grandes e dos poderosos de outrora. Essa máscara lhes permite mudar o verdadeiro sentido desse conceito da história num sentido totalmente oposto. Que se deem conta disso ou não, agem em todo caso como se sua divisa fosse: "Deixem os mortos enterrar os vivos."

Cada uma dessas três maneiras de estudar a história não tem razão de ser a não ser num único terreno, sob um único clima. Em qualquer outra parte, não passa de embriaguez invasora e destruidora. Quando o homem que quiser criar algo de grande necessitar pedir conselho ao passado, apodera-se deste por meio da *história monumental*; quando, ao contrário, quiser se ligar ao que foi convencionado, ao que a rotina admirou desde sempre, ocupa-se do passado como *historiador antiquado*. Somente aquele que uma angústia do presente o tortura e que, a qualquer custo, quer se desembaraçar de seu fardo, somente esse sente necessidade de uma *história crítica*, isto é, de uma história que julga e que condena. Muitas calamidades se originam do fato de transplantarmos com leviandade os organismos. O crítico sem angústia, o antiquado sem compaixão, aquele que conhece o sublime sem poder realizar o sublime: essas são plantas que se tornaram estranhas a seu solo nativo e que, por causa disso, degeneraram e se transformaram em joio.

Capítulo III

A história pertence, portanto, sem segundo lugar àquele que conserva e venera, àquele que, com fidelidade e amor, volta os olhos para o local de onde vem, onde se formou. Por essa devoção, ele quita de algum modo uma dívida de reconhecimento que contraiu para com sua própria vida. Cultivando com mãos delicadas o que existiu desde sempre, quer conservar as condições nas quais nasceu para aqueles que virão depois dele e é assim que serve à vida. O patrimônio dos ancestrais, em semelhante alma, recebe nova interpretação da propriedade, pois, agora é ele o proprietário. O que é pequeno, restrito, envelhecido, prestar a se tornar pó, mantém seu caráter de dignidade, de intangibilidade pelo fato de que alma conservadora e veneradora do homem antigo se transfere para lá e ali estabelece seu domicílio. A história de sua cidade se torna para ele a história dele próprio. As muralhas da cidade, a porta com sua velha torre, as ordenações municipais, as festas populares, tudo isso é para ele uma espécie de crônica ilustrada de sua própria juventude e é em tudo isso que se encontra a si próprio, que encontra sua força, sua atividade, sua alegria, seu juízo, sua loucura e sua falta de conduta. Lá era bom viver, diz ele para si, pois, é bom viver; aqui vamos nos deixar viver, pois, somos tenazes e não nos vão abater numa noite. Com esse "nós", ele olha para além da vida individual, perecível e singular e ele próprio se sente a alma do lar, da raça e da cidade. Ocorre-lhe também às vezes de saudar, para além dos séculos obscuros e confusos, o espírito de seu povo, como se fosse seu próprio espírito. Sentir e pressentir através das coisas; seguir pistas quase apagadas; instintivamente ler bem o passado, qualquer que seja o grau em que os caracteres são recobertos por outros caracteres, compreender os palimpsestos e até os polipsestos[15] – esses são seus dons, essas são suas virtudes. Goethe os possuía quando se encontrava diante do monumento de Ervin de Steinbach[16]. A impetuosidade de seu sentimento rasgou o véu da nuvem histórica que o separava do passado. Contemplou de novo pela primeira vez a obra alemã, "agindo por meio de uma forte e rude alma alemã".

Um sentido semelhante guiou os italianos da Renascença e despertou neles novamente o gênio antigo da Itália, "ressonância maravilhosa do eterno jogo dos acordes", como diz Jacob Burckhardt[17]. Mas esse sentido da veneração histórica e antiquada atinge seu valor supremo quando estende sobre as condições modestas, rudes e mesmo precárias, nas quais se escoa a vida de um homem ou de um povo, um sentimento tocante de alegria e de satisfação. Niebuhr, por exemplo, confessa, com uma honesta candura, que pode viver feliz e sem lamentar a arte nos pântanos e nas terras interioranas, no meio de camponeses livres que têm uma história. Como a história poderia servir melhor a vida do que ligando à sua pátria e aos costumes de sua pátria as raças e os povos menos favorecidos, dando-lhes gostos sedentários, o que os impediria de procurar algo melhor no estrangeiro, de rivalizar na luta para chegar a esse melhor? Às vezes parece ser obstinação e irracionalidade que fixa de algum modo o indivíduo a semelhantes companheiros e a semelhante ambiente, a semelhantes hábitos laboriosos, a semelhante colina estéril. Mas a irracionalidade mais salutar é aquela que mais beneficia a coletividade. Todos os que se deram conta dos terríveis efeitos do espírito de aventura, da febre de emigração, o sabem quando se apoderam de populações inteiros, todos os que viram de perto um povo que perdeu a fidelidade a seu passado, entregue a uma caça febril da novidade, a uma procura perpétua dos elementos estrangeiros, o sabem. O sentimento contrário, o prazer que liga a árvore a suas raízes, a felicidade que se prova ao não se sentir

---

(15) Trocadilho inventado por Nietzsche entre *palimpsesto* (do grego *pálin*, de novo, e *psestós*, raspado) e *polipsesto* (formado do grego *poly*, muito, todo, e *psestós*, raspado); este segundo termo é inusitado, criado com base no primeiro (NT).

(16) Ervin de Steinbach (sec. XIII), principal arquiteto da catedral de Estrasburgo, França (NT).

(17) Jacob Burckhardt (1818-1897), historiador suíço de expressão alemã (NT).

nascido do arbitrário e do acaso, mas saído de um passado – herdeiro, florescimento, fruto – o que escusaria e até justificaria a existência: é isso o que chamamos hoje, com certa predileção, sentido histórico.

É verdade que essa condição não é aquela em que o homem seria mais bem dotado para reduzir o passado em ciência pura, de modo que percebemos também aqui o que já observamos ao estudar a história monumental, ou seja, que o próprio passado padece, enquanto os estudos históricos estiverem a serviço da vida e dominados por instintos vitais. Para nos servirmos de uma imagem um pouco audaciosa, diríamos que a árvore *sente* suas raízes antes que vê-las, mas esse sentimento deve avaliar a dimensão das raízes segundo a dimensão e a força dos ramos que são visíveis. E se, nessa avaliação, a árvore pode se enganar, quanto mais se enganará se quiser julgar a floresta inteira que a cerca, essa floresta que não conhece e só sente enquanto ela a barra ou a faz avançar – e não de outra forma. O sentido *antiquado* de um homem, de uma cidade, de um povo inteiro é sempre limitado a um horizonte muito restrito. Não poderia perceber as generalidades e o pouco que vê lhe apareceria muito próximo e de uma forma isolada. É incapaz de se manter dentro das medidas e por causa disso confere a tudo igual importância e a cada detalhe uma importância grande demais. Então, para as coisas do passado, as diferenças de valor e as proporções não existem mais, as quais poderiam fazer justiça às coisas, umas com relação às outras; as medidas e as avaliações das coisas não são mais feitas senão com relação ao indivíduo ou ao povo que quiser olhar para trás, segundo o ponto de vista *antiquado*.

Há sempre um perigo que está bem perto. Tudo o que é antigo, tudo o que pertence ao passado e que o horizonte pode abranger, acaba por ser considerado como igualmente venerável; em contrapartida, tudo o que não reconhece o caráter venerável de todas essas coisas de outrora, portanto, tudo o que é novo, tudo o que está em seu devir, é rejeitado e combatido. Desse modo os próprios gregos toleraram o estilo hierático de suas artes plásticas ao lado do estilo livre e grande e, mais tarde, não somente aceitaram o nariz aquilino e o sorriso glacial, mas chegaram até a fazer deles uma característica típica. Quando o sentido de um povo se endurece realmente, quando a história serve a vida passada a ponto de minar a vida presente e especialmente a vida superior, quando o sentido histórico não conserva mais a vida, mas a mumifica, é então que a árvore morre e morre de uma forma que não é natural, começando pelos ramos para descer até a raiz, de modo que a raiz acaba também por perecer. Ocorre o mesmo com a *história antiquada* que também degenera, a partir do momento em que o ar vivificador do presente não a anima e não a inspira mais. A partir de então a piedade se resseca, o hábito pedante adquirido se prolonga e gira, cheio de egoísmo e de suficiência, no mesmo círculo. Assiste-se então ao espetáculo repugnante de uma cega sede de coleção, de uma acumulação infatigável de todos os vestígios de outrora. O homem se envolve numa atmosfera vetusta, chega até mesmo a desanimar ante os dons superiores, ante nobres aspirações, por causa da mania de antiguidades de pouco valor, chegando até a uma insaciável curiosidade tão vã quanto mesquinha. Às vezes, cai tão baixo que acaba por se satisfazer por qualquer comida, alimentando-se até mesmo com alegria do pó das quinquilharias bibliográficas.

Mas mesmo que essa degenerescência não se produzisse, mesmo que a *história antiquada* não perdesse o terreno onde só ela pode frutificar, os perigos não seriam menos numerosos, pois, estamos sempre expostos a ver predominar a história antiquada sufocando as outras formas de considerar o passado. Entretanto, a história antiquada só se preocupa em *conservar* a vida e não em gerar uma nova. É por isso que ela sempre faz pouco caso daquilo que está em seu devir, porque lhe falta o instinto divinatório, esse instinto divinatório que, por exemplo, a *história monumental* possui. Desse modo, a história antiquada impede a robusta decisão em favor do que é novo, assim ela paralisa o homem de ação que, sendo homem de ação, ferirá sempre e ferirá forçosamente uma piedade qualquer. O fato de que algo se tornou velho gera agora o desejo do saber imortal; de fato, se quisermos considerar o que, durante uma vida humana, tomou um caráter de antiguidade: um velho costume dos pais, uma crença religiosa, um privilégio político hereditário – se considerarmos quanta piedade da parte do indivíduo e das gerações soube se impor, pode parecer temerário e mesmo celerado querer substituir semelhante antiguidade por uma novidade e opor à acumulação das coisas veneráveis as unidades do devir e da atualidade.

Aqui aparece claramente como é necessário ao homem acrescentar às duas maneiras de considerar o passado, a *monumental* e a *antiquada*, uma terceira, a *crítica*, e de colocar também esta a serviço da vida. Para poder viver, o homem deve possuir a força de romper um passado e de aniquilá-lo e é necessário que empregue essa força de tempos em tempos. Chega a isso, levando o passado perante a justiça, apelando severamente contra ele e, finalmente, condenando-o. Ora, todo passado merece ser condenado, pois, assim ocorre com as coisas humanas: a força e a fraqueza humanas sempre foram poderosas nisso. Não é a justiça que julga aqui; muito menos a graça é a que pronuncia a sentença. É a vida, unicamente a vida, essa potência obscura que impele e que é insaciável em se desejar a si mesma. Sua sentença é sempre rigorosa, sempre injusta, porque nunca tem sua origem na fonte pura do conhecimento; mas, na maioria dos casos, a sentença seria a mesma se a justiça em pessoa a pronunciasse. "De fato, tudo o que nasce *merece* desaparecer. É por isso que seria preferível que nada nascesse." É necessária muita força para poder viver e esquecer ao mesmo tempo como viver e ser injusto são uma só e mesma coisa. O próprio Lutero[18] afirmou uma vez que o mundo só tinha nascido por um esquecimento de Deus. De fato, se Deus tivesse pensado nos "argumentos de grosso calibre", não teria criado o mundo.

Ocorre às vezes, no entanto, que essa mesma vida que tem necessidade do esquecimento exija a destruição momentânea desse esquecimento. Trata-se então de dar-se conta de como é injusta a existência de uma coisa, por exemplo, de um privilégio, de uma casta, de uma dinastia, de dar-se conta até que ponto essa coisa merece desaparecer. E se considerarmos o passado dessa coisa sob o ângulo crítico, atacamos suas raízes com o machado, passamos impiedosamente por sobre todas as venerações. Esse é sempre um processo perigoso, quero dizer, perigoso para a vida. Os homens e as épocas que servem a vida, julgando e destruindo o passado, sempre e ao mesmo tempo são perigosos e estão em perigo. De fato, a partir do momento que somos os rebentos de gerações anteriores, somos também os resultados dos erros dessas gerações, de suas paixões, de seus desvios e mesmo de seus crimes. Não é possível livrar-nos completamente dessa corrente. Se condenamos esses desvios, pensando que nos desembaraçamos deles, o fato de que deles auferimos nossas origens não se suprime. No melhor dos casos, chegamos a um conflito entre nossa natureza transmitida e deixada em herança e nosso conhecimento; talvez chegamos também à luta de uma nova disciplina severa contra o que foi adquirido por herança e pela educação desde a mais tenra idade; implantamos em

---

(18) Martinho Lutero (1483-1546), teólogo alemão, iniciador do movimento de reforma da Igreja que deu origem à cisão do cristianismo ocidental (NT).

nós um novo hábito, um novo instinto, uma segunda natureza, de modo que a primeira natureza fenece e cai. É um esforço para atribuir-se, de algum modo *a posteriori*, um passado, do qual gostaríamos muito de extrair nossa origem, em oposição com aquele de que realmente descendemos. Ora, essa tentativa é sempre perigosa, porque é difícil fixar um limite à negação do passado e porque a segunda natureza é, na maioria das vezes, mais fraca que a primeira. Geralmente nos contentamos em reconhecer o bem sem praticá-lo, porque sabemos também o que é melhor, sem sermos capazes de fazê-lo. Mas, aqui e acolá, vencemos, apesar de tudo, e há mesmo para aqueles que lutam, para aqueles que se servem da história crítica em função da vida, uma consolação singular: saber que essa primeira natureza foi, ela também, outrora, uma segunda natureza e que toda segunda natureza vitoriosa se torna uma primeira natureza.

Capítulo IV

Esses são os serviços que os estudos históricos podem prestar à vida. Todo homem, todo povo, segundo seus fins, suas forças e suas necessidades, precisa de certo conhecimento do passado, ora sob forma de *história monumental*, ora sob forma de *história antiquada*, ora sob forma de *história crítica*, mas não como necessitaria uma tropa de puros pensadores que só faz olhar a vida, não como indivíduos ávidos de saber e que só o saber pode satisfazer, para quem o aumento do conhecimento é o próprio fim de todos os esforços, mas sempre em vista da vida, por conseguinte, também sob o domínio, sob a conduta suprema dessa própria vida. Essa é a relação natural de uma época, de uma civilização, de um povo com a história – relação provocada pela fome, regularizada pela medida das necessidades, contida pela força plástica inerente. O conhecimento do passado, em todos os tempos, só é desejável quando está a serviço do passado e do presente e não quando enfraquece o presente, quando erradica os germes vivos do futuro. Tudo isso é simples, simples como a verdade e disso fica persuadido aquele mesmo que não tem necessidade que lhe demonstrem historicamente isso.

Lancemos agora um rápido olhar sobre nosso tempo! Estamos assustados, recuamos: o que se tornou toda a clareza, toda a naturalidade e toda a pureza nessa relação entre a vida e a história? O problema aparece agora a nossos olhos em toda a sua desordem, seu exagero, sua perturbação. A culpa é nossa, os contempladores? Ou a constelação da vida e da história se transformou verdadeiramente pelo fato de que um astro poderoso e inimigo se introduziu nessa constelação? Que outros mostrem que nós enxergamos mal, que nós queremos dizer o que acreditamos ver. Com efeito, um novo astro se introduziu. A constelação verdadeiramente se transformou e isso *pela ciência, pela pretensão de fazer da historia uma ciência*. A partir desse momento não é mais somente a vida que domina e doma o conhecimento e o passado. Todos os limites são desfeitos e tudo o que existiu outrora se precipita sobre o homem. As perspectivas se deslocam até a noite dos tempos, até o infinito, tão longe para onde houver um devir. Nenhuma geração vive ainda semelhante espetáculo, espetáculo impossível de dominar com o olhar, como aquele que hoje a ciência do devir universal mostra: a história. É verdade que ela o mostra com a perigosa audácia de sua divisa: *Fiat veritas, pereat vita* (Que apareça a verdade, que pereça a vida).

Imaginemos agora o fenômeno intelectual que nasce desse modo na alma do homem moderno. O conhecimento histórico brota, sempre de novo, de fontes inesgotáveis; as coisas estranhas e disparatadas se comprimem umas ao lado das outras; a memória abre todas as suas portas e, no entanto, não fica suficientemente aberta; a natureza faz um esforço extremo para receber esses hóspedes estranhos, para coordená-los e honrá-los; mas eles próprios estão em luta entre si e parece necessário domá-los e dominá-los a todos para não perecer na luta a que se entregam. O hábito de um conjunto de coisas tão desordenado, agitado a esse ponto e incessantemente em luta, se torna aos poucos uma segunda natureza, embora seja indiscutível que essa segunda natureza é muito mais fraca, muito mais inquieta e malsã se comparada com a primeira. O homem moderno, no final das contas, leva com ele uma enorme quantidade de seixos, os seixos do indigesto saber que, no momento oportuno, deixam ouvir em seu ventre um rumor surdo, como é dito na fábula. Esse rumor leva a adivinhar a qualidade mais original do homem moderno: é uma singular antinomia entre um ser íntimo ao qual não corresponde um ser exterior e *vice-versa*. Essa antinomia não era conhecida pelos povos antigos.

O saber, absorvido imoderadamente e sem que a ele se seja impelido pela fome, mesmo absorvido por conta da necessidade, não age mais desde então como motivo transformador, impelindo para o exterior, mas fica escondido numa espécie de mundo interior, caótico, que, com uma singular altivez, o homem moderno chama a "intimidade" que lhe é peculiar. Às vezes chega até a dizer que se domina muito bem o assunto, mas que é somente a forma que faz falta. Mas para tudo o que é vivo, essa é uma oposição incoerente. Nossa cultura moderna não é uma coisa viva porque, sem essa oposição, é inconcebível. Isso significa dizer que ela não é de modo algum uma verdadeira cultura; ela se agarra à ideia de cultura, ao sentimento da cultura, sem que subsista a convicção da cultura. Em contrapartida, o que aparece verdadeiramente como motivo, o que, sob forma de ação, se manifesta de modo visível externamente, muitas vezes não significa muito mais que uma convenção qualquer, uma lastimável imitação, uma careta vulgar. O ser íntimo experimenta talvez então essa sensação da serpente que devorou coelhos inteiros e que, expondo-se ao sol com tranquilidade, evita todos os movimentos que não forem de absoluta necessidade. O processo interior se torna a partir de então a própria coisa, a "cultura" propriamente dita. Todos aqueles que passam ao lado só desejam uma única coisa, ou seja, que semelhante cultura não pereça de indigestão. Imaginemos, por exemplo, um grego percebendo essa forma de cultura; ele se daria conta que, para os homens modernos, "instrução" e "cultura histórica" parecem constituir uma só coisa e que não haveria entre elas senão a diferença criada pelo número de palavras. Se pretendesse então expressar seu pensamento, isto é, que alguém pode ser instruído e ter falta total de cultura histórica, julgaríamos ter entendido mal e menearíamos a cabeça.

    Esse pequeno povo conhecido que pertencia a um passado não muito distante de nós – falo dos gregos – soube conservar com rigor, durante seu período de maior força, um sentido não-histórico. Se, por efeito de uma vara mágica, um homem atual voltasse a essa época, é provável que achasse os gregos muito "incultos", com o que, é verdade, revelaria, para riso geral, o segredo bem guardado da cultura moderna: pois, por nós mesmos, nós, modernos, não possuímos absolutamente nada. É somente acumulando excessivamente em nós épocas estrangeiras, costumes, artes, filosofias, religiões, conhecimentos que não são nossos, que nos tornamos algo que mereça a atenção, isto é, enciclopédias ambulantes, pois, desse modo é que nos apostrofaria talvez um velho grego que tivesse revivido em nosso tempo. Ora, todo valor de uma enciclopédia reside naquilo que nela está contido e não naquilo que está escrito na capa, naquilo que é seu envoltório, na encadernação. Assim, toda a cultura moderna é essencialmente interior. Exteriormente o encadernador imprimiu algo desse gênero: "Manual de cultura interior para bárbaros exteriores." Essa antinomia entre o interior e o exterior torna o exterior ainda mais bárbaro do que seria se se tratasse de um povo rude que, segundo sua natureza íntima, tendesse a satisfazer suas rudes necessidades. De fato, de que meios dispõe ainda a natureza humana para se tornar dona daquilo que se impõe em abundância? Desse único meio que consiste em aceitá-lo tão facilmente quanto possível para, em seguida, colocá-lo de lado e expulsá-lo de novo tão depressa quanto possível. Disso resulta o hábito de não levar mais a sério as coisas verdadeiras, disso resulta a "fraca personalidade", em razão do que aquilo que é real, o que existe não produz mais que uma mínima impressão. Para as coisas do exterior nos tornamos, no final das contas, sempre mais indulgentes, sempre mais preguiçosos e aumentamos, até a insensibilidade com relação à barbárie, o perigoso abismo que separa o conteúdo da forma, contanto que a memória seja sempre e de novo excitada, contanto que afluam sem cessar coisas novas, dignas de ser sabidas, coisas que podemos classificar com cuidado nos armários dessa memória.

A civilização de um povo, em oposição com essa barbárie, foi uma vez definida, com razão ao que me parece, como a unidade do estilo artístico em todas as manifestações vitais de um povo. Esta definição não deve ser mal interpretada, como se se tratasse da oposição entre a barbárie e o *belo estilo*. O povo ao qual se atribui uma civilização deve ser, realmente, algo de vivo e de coordenado. Não deve dividir miseravelmente sua cultura em interior e exterior, conteúdo e forma. Que aquele que quiser atingir e encorajar a civilização de um povo, atinja e encoraje essa unidade superior e trabalhe na destruição dessa cultura caótica moderna em favor de uma verdadeira cultura. Que ouse refletir de forma a restabelecer a saúde de um povo iniciado pelos estudos históricos, de forma a reencontrar seu instinto e, com isso, sua honestidade.

Quero falar sem cerimônia de nós, alemães de hoje, que sofremos mais que qualquer outro povo dessa fraqueza da personalidade, dessa contradição entre o conteúdo e a forma. A forma se nos apresenta comumente como uma convenção, como um mascaramento e uma dissimulação, e é por isso que, se não a odiarmos, não é em todo caso amada. Seria mais exato ainda dizer que temos um medo extraordinário da palavra convenção e também dessa coisa que se chama convenção. Foi esse temor que impeliu o alemão a abandonar a escola dos franceses, pois, queria se tornar mais natural e, com isso, mais alemão. Ora, com esse "com isso", parece realmente que fez um cálculo equivocado. Fugindo da escola da convenção, desde então se deixou levar para onde lhe parecia melhor, seguindo para onde a vontade o impelia e, no fundo, não deixava de imitar, com negligência e ao acaso, num semiesquecimento, o que outrora tinha imitado escrupulosamente e muitas vezes com felicidade.

É assim que, com relação aos tempos de outrora, vivemos hoje ainda segundo uma convenção francesa, mas essa convenção se tornou negligente e incorreta, como o demonstram nossos menores gestos: quer caminhemos, quer paremos ou conversemos; como o demonstra nosso modo de vestir e de morar. Imaginando tomar um impulso para a naturalidade, nos contentamos em recorrer ao deixar-correr, à preguiça, ao menor esforço de domínio de si. Percorram uma cidade alemã! Toda convenção, se for comparada à originalidade nacional das cidades estrangeiras, se afirma por seu lado negativo. Tudo é incolor, desgastado, mal copiado, negligenciado; cada um age como quer e não em conformidade com uma vontade forte e fecunda pelas ideias que são expressas, mas segundo as leis que prescreviam a pressa geral de um lado e, de outro, a displicência universal. Um traje, cuja invenção não é um quebra-cabeça, que pode ser vestido sem perda de tempo, isto é, um traje copiado do estrangeiro e imitado com tanta negligência quanto possível, isso é o que os alemães se apressam em chamar de uma contribuição ao vestuário germânico. Rejeitam, verdadeiramente com ironia, o sentido da forma – pois, possuem o *sentido do contínuo*. Eles não são o povo famoso por sua intimidade?

Ora, essa intimidade corre ainda um perigo famoso. O "conteúdo", que como se entende não pode ser visto de fora, poderia, na oportunidade, se volatilizar. De fora não se percebia seque que esse conteúdo nunca existiu. Seja como for, imaginemos que o povo alemão esteja longe de correr esse perigo. O estrangeiro, contudo, terá razão até certo ponto ao nos recriminar que nosso ser íntimo é muito fraco e desordenado para agir externamente e se dar uma forma. Pode ocorrer com isso que esse ser íntimo possua um raro grau de sensibilidade, que se mostre sério, poderoso, intenso, bom e talvez mais rico que o ser íntimo dos outros povos. Em seu conjunto, porém, permanece fraco, porque todas essas fibras admiráveis não se juntam num nó extremamente forte. Desse modo, a ação visível não responde a uma ação de conjunto que seria a revelação espontânea desse ser íntimo, pelo contrário, não passa de uma tímida ou rude tentativa de uma fibra qualquer que quer se conferir a aparência da generalidade. É por isso que não é possível julgar o alemão segundo uma ação isolada e, mesmo depois de ter sido visto à obra, como indivíduo, permanece ainda misterioso. Não se ignora que é por seus sentimentos e por suas ideias que o alemão dá sua medida. Seus sentimentos e suas ideias são expressos por ele em seus livros. Infelizmente, nesses últimos tempos, os livros dos alemães permitem, mais do que nunca, emitir dúvidas a respeito desse famoso "ser íntimo" e nos perguntamos se este se abriga sempre em seu pequeno templo inacessível. Seria espantoso pensar que poderia uma dia desaparecer que só restaria o exterior, esse exterior arrogante, pesado e humildemente preguiçoso, que então seria o sinal distintivo do alemão. Espantoso, quase como se esse ser íntimo, sem perceber, fosse falsificado, maquiado, mascarado, transformado em comediante ou pior ainda. Grillparzer[19], que se mantém à distância, entregue a suas observações discretas, parece, por exemplo, acreditar que assim é, de acordo com suas experiências práticas no domínio dramático e teatral. "Sentimos com abstrações, diz ele, mal somos capazes ainda de saber como os sentimentos se exprimem em nossos contemporâneos; nós os deixamos sobressaltados, mais do que costumam estar hoje. Shakespeare[20] nos corrompeu a todos, a todos nós, modernos."

Esse é um caso particular generalizado com muita presteza. Mas como seria terrível essa generalização, justificada se os casos particulares se impusessem com muita frequência ao observador! Que desesperança nesta frase: nós, alemães, sentimos por abstrações; somos todos corrompidos pelos estudos históricos – uma afirmação que destruiria em suas raízes toda esperança na próxima vinda de uma cultura nacional. De fato, toda esperança dessa ordem nasce da fé na sinceridade e no caráter imediato do sentimento alemão, da fé numa natureza íntima ainda intacta. Que podemos esperar ainda, em que podemos crer ainda, quando a fonte da fé e da esperança está perturbada, quando o ser íntimo aprendeu a viver de sobressaltos, a desenhar passos de dança,

---

(19) Franz Grillparzer (1791-1872), escritor e dramaturgo austríaco (NT).
(20) William Shakespeare (1564-1616), dramaturgo e poeta inglês (NT).

a se fardar, a se exprimir por abstrações e cálculos, para acabar por se perder a si mesmo aos poucos? E como um grande espírito produtivo poderia ainda viver no meio de um povo que não está mais seguro da unidade de seu ser íntimo e que se divide em homens instruídos com um ser íntimo inacessível? Como poderia resistir, quando a unidade do sentimento popular está perdida, quando, além do mais, sabe que numa das partes, a chamada parte instruída do povo e que possui um direito de reunir os gênios nacionais, o sentimento é falsificado e artificialmente colorido? Que o juízo e o gosto se tenham tornado aqui e acolá mais refinados e mais sutis, isso não uma compensação para o indivíduo. Ele sofre por ser forçado a falar, de algum modo, a uma seita e não ser mais indispensável no meio de seu povo. Talvez chegue agora a preferir enterrar seu tesouro, porque está desgostoso por ver-se pretensiosamente dominado por uma seita, enquanto que seu coração está repleto de compaixão por todos. O instinto do povo não se apresenta mais diante dele; é inútil estender-lhe os braços com impaciência.

O que resta então ao grande homem, a não ser voltar seu ódio entusiasta contra esses entraves, contra os obstáculos que se erguem no meio de uma pretensa educação do povo, para condenar pelo menos, como juiz, o que para ele, o vivo, o animador, não passa de destruição e de aviltamento? É assim que abandona a alegria divina de criador, daquele que ajuda, para ficar oprimido sob a profunda compreensão de seu destino. E acaba o curso de sua vida como iniciado solitário, como sábio saturado. Esse é o espetáculo mais doloroso que se possa ver. Aquele que possui o dom de observá-lo reconhecerá o dever sagrado que se impõe. Dirá a si mesmo que é necessário encontrar um meio para restabelecer essa unidade superior na natureza e na alma de um povo. É necessário que essa cisão entre o ser íntimo e o exterior desapareça sob os golpes do martelo da angústia. A que meios deverá recorrer? Sua profunda compreensão, aí está tudo o que lhe resta. É preciso, portanto, que expresse o que compreendeu, que o desenvolva, que o difunda a mancheias e desse modo criará uma necessidade. Essa necessidade violenta produzirá um dia a ação vigorosa. E para não deixar dúvida alguma sobre a maneira pela qual entendo essa angústia, essa necessidade, essa compreensão, quero afirmar aqui, de modo expresso, que é a *unidade alemã* nesse sentido superior que aspiramos alcançar, com mais ardor que a unidade política, *a unidade do espírito alemão e da vida alemã, depois do aniquilamento dos contrastes entre a forma e o conteúdo, o ser íntimo e a convenção.*

Capítulo V

Essa supersaturação de uma época pela história será hostil à vida, além de ser perigosa de cinco maneiras. O excesso dos estudos históricos gera o contraste analisado anteriormente entre o ser íntimo e o mundo exterior e assim enfraquece a personalidade. O excesso dos estudos históricos dá origem numa época à ilusão que possui essa virtude rara, a justiça, mais que qualquer outra época. O excesso dos estudos históricos perturba os instintos do povo e impede ao indivíduo, bem como a todos, de atingir a maturidade. O excesso dos estudos históricos implanta a crença sempre prejudicial à caducidade da espécie humana, a ideia de que somos seres tardios, epígonos. O excesso dos estudos históricos desenvolve numa época um estado de espírito perigoso, o ceticismo, e esse estado de espírito mais perigoso ainda, o cinismo; e desse modo a época se encaminha sempre mais para uma prática sábia e egoísta que acaba por paralisar a força vital e destruí-la.

Retornemos, contudo, à nossa primeira afirmação: o homem moderno sofre de um enfraquecimento de sua personalidade. Do mesmo modo que o romano da época imperial se tornou antirromano, com relação ao universo que estava a seu serviço, do mesmo modo que se perdeu na onda invasora das coisas estrangeiras, degenerando no meio de um carnaval cosmopolita de divindades, de costumes e de artes, assim também acontecerá com o homem moderno que, por meio de seus mestres na arte da história, se prepara para si o constante espetáculo de uma exposição universal. Tornou-se o espectador alegre e errante, transferido para condições que grandes guerras ou grandes revoluções mal poderiam mudar durante um instante. Uma guerra nem acabou ainda e já é transformada em papel impresso, multiplicada em cem mil exemplares e apresentada como novo estimulante à goela fatigada do homem ávido de história. Parece quase impossível que uma nota musical cheia e forte possa ser produzida, mesmo quando mandássemos tocar todas as cordas, pois, logo os sons se alteram para assumir uma fluidez histórica, um acento terno e sem força. Se eu quisesse me expressar do ponto de vista moral, diria que vocês não conseguiriam mais fixar o sublime, suas ações são golpes bruscos, não têm o movimento pertinente do trovão. Realizem o que há de maior e mais sublime, suas ações vão desaparecer sem deixar vestígio. De fato, a arte desaparece quando os atos se abrigam sem trégua sob a tenda dos estudos históricos.

Aquele que quiser compreender, calcular, interpretar no momento em que sua emoção devesse captar o incompreensível como algo de sublime, esse talvez será chamado de razoável, mas somente no sentido em que Schiller[21] fala da razão das pessoas razoáveis. Não vê certas coisas que a criança é capaz de ver, não ouve certas coisas que a criança é capaz de ouvir. E esses coisas são precisamente as mais importantes. Como não as compreende, seu entendimento é mais infantil que o de uma criança e mais tolo que a própria tolice – apesar de todas as dobras da astúcia que seu rosto enrugado toma e da habilidade de virtuose que seus dedos possuem para desembaraçar o que há de mais intrincado. Isso provém do fato de ele ter destruído e perdido seu instinto. A partir de então, não pode mais confiar nesse "animal divino" e soltar as rédeas, quando sua inteligência soçobra e o caminho atravessa o deserto. É assim que o indivíduo se torna incerto e hesitante e não pode mais confiar em seu juízo. Ele se curva sobre si mesmo, se dobra sobre seu ser íntimo, ou seja, passa a gostar de contemplar o caos acumulado de tudo o que aprendeu e que não poderia realizar externamente, da instrução que não poderia se tornar vida. Se consideramos somente o exterior, percebemos que a supressão dos instintos pelos estudos históricos fez dos homens abstrações puras e sombras. Ninguém mais ousa pôr sua própria individualidade na vanguarda, assume a máscara do homem instruído, do sábio, do poeta, do político. Se decidirmos atacar tais homens, com a ilusão de que cheguem a levar as coisas a sério e que não se trata para eles de um jogo de marionetes – contanto que todos façam pose de sérios – percebemos, no final de poucos instantes, que só temos

---

(21) Friedrich von Schiller (1750-1805), escritor alemão (NT).

nas mãos trapos e farrapos coloridos. É por isso que não devemos mais deixar-nos enganar e levá-los a tirar seu disfarce ou ser verdadeiramente o que parecem ser. O homem de espírito sério não deve ser forçado a representar o Dom Quixote, pois, tem mais o que fazer do que se bater com essas pretensas realidades. Em todo caso, cada vez que percebe a máscara, deve lançar um olhar penetrante e gritar cuidado! Que arranque, pois, a máscara! Coisa singular! Poderíamos acreditar que a história deveria encorajar acima de tudo os homens a ser sinceros, mesmo que fosse com uma loucura sincera. E sempre foi assim, exceto atualmente!

A cultura histórica e o vestuário universal burguês reinam ao mesmo tempo. Mesmo quando nunca se falou tanto, com tanta segurança, da "personalidade livre", mal percebemos que há personalidades e menos ainda personalidades livres, pois, em toda parte só vemos homens universais receosamente mascarados. O indivíduo se retirou na intimidade do ser; em seu exterior não percebemos mais nada, o que permite duvidar que possa haver causas sem efeitos. Ou seria necessária uma geração de eunucos para a guarda do grande harém universal da história? É verdade que para esses o aspecto da objetividade pura calharia perfeitamente. Podemos quase crer que existe uma tarefa que consiste em guardar a história, a fim de que nada transpareça no exterior a não ser precisamente histórias, mas, sob hipótese alguma, acontecimentos; uma tarefa que consiste em impedir que, por meio da história, as personalidades se tornem "livres", isto é, verídicas para consigo mesmas, verídicas com relação a outras, na palavra e na ação. Graças a essa veracidade, somente a dificuldade, a miséria interior do homem moderno virão à luz e, em lugar dessa convenção e desse mascaramento temerosos e vergonhosos, poderão vir as verdadeiras auxiliares, a arte e a religião que, de comum acordo, implantarão uma cultura correspondente a necessidades verdadeiras, não semelhante à instrução geral atual, que ensina somente a mentir a si mesmo a respeito dessas necessidades e que, com isso, se torna uma verdadeira mentira ambulante.

Numa época que sofre dos excessos da instrução geral, em que situação monstruosa, artificial e, em todo caso, indigna de si mesma se encontra a mais verídica de todas as ciências, essa divindade honesta e nua, a filosofia! Em semelhante mundo de uniformidade exterior e forçada, ela se torna o monologo sábio do viajante solitário, presa do acaso no indivíduo, segredo de gabinete ou conversa pueril entre meninos e anciãos acadêmicos. Ninguém ousa realizar por si mesmo a lei da filosofia, ninguém vive na filosofia, com essa simples fidelidade viril que forçava um homem da antiguidade, onde quer que estivesse, o que quer que fizesse, a se comportar como estoico, a partir do momento em que tivesse jurado fidelidade à *stoá*[22]. Toda filosofia moderna é política ou policial, está reduzida a uma aparência sábia pelos governos, pelas igrejas, pelos costumes e pelos desleixos dos homens. Nós nos agarramos a um suspiro de pesar e ao conhecimento do passado.

A filosofia, nos limites da cultura histórica, está desprovida de direitos se quiser ser mais que um saber, reservada para o ser íntimo, sem ação externa. Se, de uma forma geral, o homem moderno fosse somente corajoso e decidido, se não fosse ele próprio um ser interior cheio de inimizades e de antinomias, proscreveria a filosofia, não se contentaria de cobrir pudicamente sua nudez. A bem da verdade, pensamos, escrevemos, imprimimos, falamos, ensinamos filosoficamente – até ali, tudo é mais ou menos permitido. Mas não ocorre de outra forma na ação, naquilo que chamamos vida real. Ali, um única coisa é permitida e todo o resto é simplesmente impossível: assim o quer a cultura histórica. Esses são ainda homens? – poder-se-ia perguntar então – ou talvez simplesmente máquinas para pensar, para escrever, para falar?

Goethe dizia um dia a respeito de Shakespeare: "Ninguém desprezou tanto o traje material como ele; ele conhece muito bem o traje interior dos homens e nisso todos se assemelham. Dizem que ele descreveu perfeitamente os romanos. Não é minha opinião. Todos os seus personagens encarnam verdadeiros ingleses. É verdade que são também homens, fundamentalmente homens, e a toga romana lhes cabe perfeitamente." Ora, pergunto-me se seria possível apresentar nossos literatos, nos homens do povo, nossos funcionários, nossos políticos de hoje sob o traje romano. Não o creio, pois, esses não são homens, mas manuais em carne e osso e, de algum modo, abstrações concretas. Se por acaso tivessem caráter e uma originalidade própria, tudo isso é tão profundo que não há meio para trazê-lo à luz. E caso eles fossem realmente homens, seria somente para aqueles que "sondam os corações". A nossos olhos, eles são outra coisa, não homens, não deuses, não animais, mas organismos de formação histórica, produtos da educação, imagens e formas sem conteúdo demonstrável e infelizmente formas defeituosas e, além do mais, *uniformes*. E é assim

---

[22] Termo grego que significa pórtico (do qual deriva *stóikos*, estoico), referência ao pórtico de Atenas onde se reuniam os estoicos sob a direção de Zenão de Cítio (335-264 a.C.), fundador dessa doutrina filosófica. A máxima da moral estoica era "Suporta e abstém-te", o que transmite a ideia de renúncia, de desapego, de rigor e austeridade na prática da virtude. Na realidade, a filosofia estoica era bem mais abrangente, embora exigisse esforço contínuo na perseguição do bem supremo e da equilibrada e moderada; de fato, a virtude consiste, na visão do estoicismo, em viver segundo a natureza, em aproveitar a vida como ela é, privilegiando sempre, contudo, a renúncia, o esforço, o equilíbrio, a moderação (NT).

que é necessário compreender e considerar minha afirmação: *a história não pode ser suportada senão pelas fortes personalidades; para as personalidades fracas, acaba por apagá-las.*

Isso se refere ao fato de que a história mistura o sentimento e a sensibilidade, sempre que estes não são suficientemente vigorosos para avaliar o passado segundo sua medida. Aquele que não ousar ter confiança em si e que, involuntariamente, para fixar seu sentimento, pede conselho à história – "como devo sentir?" – esse, por receio, acaba por se tornar comediante. Desempenha um papel, na maior parte do tempo vários papéis, e é por isso que os desempenha todos tão mal e com tanta banalidade. Aos poucos desaparece toda a congruência entre o homem e seu domínio histórico. Vemos pequenos seres cheios de suficiência culpar os romanos como se fossem seus semelhantes. Remexem nos resíduos dos poetas romanos como se tivessem diante deles cadáveres prontos para serem dissecados, como se se tratasse de seres vis, como talvez eles próprios o são. Admitamos que um deles se ocupe de Demócrito[23]. Sempre tenho vontade de perguntar por que, pois, Demócrito? Por que não Heráclito[24]? Ou Fílon[25]. Ou Bacon[26]. Ou Descartes[27] e assim por diante? E ainda, por que precisamente um filósofo? Por que não um poeta? Um orador? E, finalmente, por que, pois, um grego? Por que não um inglês? Um turco? O passado não é bastante vasto para que possam encontrar nele algo que não os faça parecer ridiculamente um qualquer. Mas, deve-se repetir, essa é uma geração de eunucos. De fato, para o eunuco, uma mulher é semelhante a outra, uma mulher não passa de uma mulher, a mulher em si, a eterna inacessível. A partir de então, é indiferente saber o que vocês fazem, contanto que a história seja conservada bem "objetivamente", isto é, por aqueles que nunca são capazes de eles próprios fazerem história. E, como o eterno feminino nunca os atrai a ele, o rebaixam até vocês, uma vez que vocês mesmos são "neutros" e consideram a história igualmente como algo de neutro. Não se deveria, contudo, acreditar que eu queira comparar seriamente a história ao eterno feminino. Faço questão de expressar claramente que a considero, pelo contrário, como o eterno masculino. Mas, para aqueles que estão penetrados de parte a outra

---

(23) Demócrito (460-370), filósofo grego (NT).
(24) Heráclito de Éfeso (550-480 a.C.), filósofo grego (NT).
(25) Fílon de Alexandria (13? A.C.-50 d.C.), filósofo judeu da diáspora grega (NT).
(26) Roger Bacon (1220-1292), filósofo e cientista inglês (NT).
(27) René Descartes (1596-1650), filósofo e matemático francês (NT).

de "cultura histórica", é bastante indiferente que sejam um ou outro: pois, eles próprios não são nem homens nem mulheres, nem mesmo *communia* (comuns aos dois), mas são, ainda e sempre, *neutros* ou, para me exprimir de uma forma mais culta, os esternos objetivos.

Nada mais age sobre as personalidades quando as tivermos desse modo apagado, até fazer desaparecer delas para sempre o sujeito ou, como se diz, até as termos assim reduzido à "objetividade". Se acontecer algo de bom e de justo – ação, poema, música – imediatamente o homem instruído e vazio olha para além da obra e se informa das particularidades que há na história do autor. Se este já tiver produzido muitas coisas, deverá permitir que se interprete a marcha de sua evolução anterior e a marcha provável de sua evolução futura. Para estabelecer comparações, será colocado ao lado de outras pessoas. Será examinada a escolha de seu tema e a forma como o tratou e, depois de ter decomposto tudo isso, após tê-lo ruminado e censurado, pretende-se refazer disso um todo. Aconteça o que acontecer ou pareça o que parecer, mesmo que fosse a coisa mais surpreendente, o exército dos historiadores neutros está sempre a postos, pronto para perscrutar o autor de longe. Em seguida soa um eco, mas é sempre sob a forma de "crítica", quando há bem pouco tempo o criticador não pensava sequer em sonho na possibilidade do acontecimento que ora censura. Nunca se produz um efeito, mas ainda e sempre uma "crítica". E a própria crítica é desprovida de efeito, pois, só se traduz por novas críticas. Convencionou-se considerar um grande número de críticos como um efeito produzido, um pequeno número ou a ausência completa de críticos, ao contrário, como um insucesso. No fundo, que haja semelhante "efeito" ou não, tudo permanece do mesmo jeito. Simplesmente, todos se entregam durante certo templo a nova conversa fiada, depois a uma conversa mais nova ainda e, no intervalo, fazem o que todos sempre fizeram. A cultura histórica de nossos críticos não permite em absoluto que haja um "efeito" no sentido próprio, ou seja, uma influência sobre a vida e a ação. Sobre a escrita mais negra, esses críticos aplicam logo seu mata-borrão, rabiscam o desenho mais belo com grossos traços de pincel e querem fazer passar esses traços por correções. A partir de então, tudo acabou. Sua caneta crítica nunca deixa de escorrer, pois, perderam todo poder sobre ela e, melhor, é ela que os dirige, em vez de obedecer à mão deles. É precisamente naquilo que suas efusões críticas têm de desmedido, em sua incapacidade de se dominar, naquilo que os romanos chamam *impotentia* (impotência) que se revela a fraqueza da personalidade moderna.

Capítulo VI

Deixemos, porém, essa fraqueza. Voltemo-nos antes para uma força muitas vezes elogiada pelo homem moderno, perguntando-nos se sua "objetividade" histórica bem conhecida lhe dá o direito de se dizer forte, isto é, justo, mais justo que os homens das outras épocas. É verdade que essa objetividade tem sua origem numa necessidade de justiça mais intensa e mais viva? Ou, sendo efeito de todas as outras causas, só faz despertar a aparência de que é o espírito de justiça que é a verdadeira causa desse efeito? Induz talvez a um preconceito perigoso, perigoso porque demasiado elogiador a respeito das virtudes do homem moderno? – Sócrates[28] considerava que é um mal que não está muito distante da loucura o fato de imaginar que possuímos uma virtude, quando na realidade não a possuímos. Certamente, semelhante ilusão é mais perigosa que a ilusão contrária, que consiste em acreditar que sofremos por causa de um defeito, de um vício. De fato, graças a essa loucura, talvez seja ainda possível tornar-se melhor, enquanto que, por essa ilusão, o homem ou a época se tornam cada dia piores – isto é, no caso presente, mais injustos.

Na verdade, ninguém tem no mais alto grau direito à nossa veneração senão aquele que possui o instinto e a força para fazer justiça. De fato, na justiça se unem e se abrigam as virtudes mais elevadas e mais

---

(28) Sócrates (470-399), filósofo grego (NT).

raras, como num mar insondável que recebe rios de todos os lados e os absorve. A mão do justo que é autorizada a fazer justiça não treme mais quando segura a balança. Inflexível por si mesmo, o justo acrescenta um peso a outro. Seus olhos não se perturbam quando os pratos sobem e descem e sua voz não é nem dura nem titubeante quando pronuncia a sentença. Se fosse um frio demônio do conhecimento, espalharia em torno dele a atmosfera glacial de uma majestade sobre-humana e assustadora que se deveria temer e não venerar. Mas é um homem e, no entanto, tenta se elevar da dúvida indulgente à austera certeza, de uma indulgente tolerância ao imperativo "tu deves", da rara virtude da generosidade à virtude mais rara ainda da justiça; assemelha-se a esse demônio, sem ser na origem outra coisa que um pobre homem; em cada momento expia em si mesmo sua humanidade, é roído por aquilo que há de trágico numa virtude impossível. – Tudo isso o eleva numa altura solitária, como se fosse o exemplo mais *venerável* da espécie humana, pois, ele quer a verdade, não sob forma de frio conhecimento, sem encadeamento, mas como a justiceira que ordena e que pune; a verdade não como propriedade egoísta do indivíduo, mas como um direito sagrado de deslocar todos os limites da propriedade egoísta; em resumo, a verdade como julgamento da humanidade e de modo algum como uma presa caçada no voo e um prazer de caçador. É somente na medida em que o verídico possui a vontade absoluta de ser justo que há algo de grande nessa aspiração à verdade glorificada em toda parte tão estouvadamente. Toda uma série de instintos muito diferentes, tais como a curiosidade, o temor do aborrecimento, a inveja, a vaidade, o gosto pelo jogo, que nada têm a ver com a verdade, aos olhos de certos observadores menos sagazes, seriam idênticos a esse instinto de verdade que tem sua raiz no espírito de justiça, de tal modo que o mundo parece estar repleto de pessoas que estão "a serviço da verdade", quando a virtude da justiça é extremamente rara, quando é reconhecida mais raramente ainda e quase sempre detestada até a morte.

    Pelo contrário, o exército das virtudes aparentes é venerado em todas as épocas e exibe seus fastos. Há poucos que servem a verdade, na verdade, porque há poucos que são animados pela pura vontade de ser justos e, entre esses, somente o menor número deles possui bastante força para poder ser justo. Não é suficiente, sob hipótese alguma, ter vontade para tanto e precisamente os males mais espantosos recaíram sobre os homens por causa do instinto de justiça que não era acompanhado pela faculdade de julgamento. É por isso que o bem público só exigiria uma única coisa, ou seja, que a semente do juízo fosse semeada tanto quanto possível, para que se possa distinguir o fanático do juiz, a vontade cega de ser juiz da força consciente do direito ao julgamento. Mas onde encontraríamos um meio para implantar a faculdade de julgamento? É por isso que esses homens, a partir do momento em que se lhes falar de verdade e de justiça, se deterão sempre em hesitação, não sabendo se é um fanático ou um juiz que lhes fala. Deve-se, portanto, perdoá-los se sempre saudaram, com particular benevolência, esses servidores da verdade que não têm nem a vontade nem a força de julgar e que assumiram como tarefa procurar o conhecimento "puro e sem consequências" ou, mais exatamente, a verdade que não leva a nada. Há muitas verdades indiferentes; há problemas para os quais se pode encontrar uma solução justa, sem que haja necessidade de vitória sobre si mesmo e, com maior razão, sem necessidade de sacrifício. Nesse domínio indiferente e sem perigo, será talvez fácil, para um homem, tornar-se um frio demônio do conhecimento. E, no entanto! Quando, em épocas particularmente favoráveis, coortes inteiras de sábios e de pesquisadores são transformados em semelhantes demônios, resta, contudo, infelizmente possível que essas épocas sejam privadas do severo e magnífico espírito de justiça, isto é, do mais nobre germe daquilo que se chama instinto de verdade.

Que se imagine desde logo o historiador virtuoso da época presente: é o homem mais justo de sua época? É verdade que desenvolveu nele tal sutileza, tal irritabilidade do sentimento que nada de humano é estranho para ele. As épocas e as pessoas mais diversas fazem vibrar imediatamente sua lira em sons análogos. Ele se tornou um eco passivo que, por sua ressonância, desperta outros ecos passivos, até que toda a atmosfera de uma época esteja repleta de cruzamentos sutis de semelhantes ecos. Parece-me, no entanto, que não ouvimos mais, se assim posso me exprimir, as notas musicais altas, nas harmonias originais desse concerto histórico. É impossível então adivinhar o que havia de solido e poderoso, uma vez que os acordes fortes e agudos estão diminuindo. Os sons originais despertavam a imagem de ações, de angústias, de terrores; estes nos embalam e fazem de nós crianças alegres. É como se tivéssemos feito o arranjo para duas flautas da sinfonia heroica para que esta se torne a delícia dos fumantes de ópio, abismados em seus sonhos.

Com essa medida poderíamos avaliar o que ocorre, nesses virtuoses, com aspirações superiores do homem moderno para uma justiça mais elevada e mais pura. Semelhante virtude é desprovida de complacência, não conhece as emoções encantadoras, é dura e assustadora. Que posição inferior vai ocupar na escala das virtudes, se a avaliarmos segundo essa escala, a generosidade que é, no entanto, a virtude de alguns raros historiadores! Entre eles, a maioria chega somente até a tolerância, a aceitação daquilo que não pode ser negado, o arranjo e o embelezamento medido e benevolente, com a sábia convicção de que o povo simples acreditará em espírito de justiça, quando o passado é narrado sem acentos duros e sem uma expressão de ódio. Mas somente a força preponderante pode julgar, a fraqueza deve tolerar, quando não quiser afetar força e fazer da justiça do pretório uma comediante.

Ora, resta ainda outra, uma terrível categoria de historiadores, caracteres bravos, severos e honestos, mas cérebros estreitos. A vontade de fazer bem e de ser justo existe neles no mesmo grau da fraseologia do juiz; mas todos os julgamentos são falsos, quase pela mesma razão que faz com que as sentenças dos jurados usuais sejam geralmente falsos. Como é pouco provável, portanto, a frequência do talento histórico! Abstraímos aqui completamente os egoístas mascarados e os sectários que, desempenhando mal seu papel, mostram ares mais objetivos do mundo. Abstraímos igualmente os homens totalmente irrefletidos que, como historiadores, escrevem com a ingênua convicção de que sua época, com suas ideias populares, tem razão, mais que qualquer outra, e que escrever em conformidade com essa época equivale a escrever com justiça. Essa é uma crença peculiar de toda espécie de religião e, quando se trata de religiões, nada mais se pode dizer. Os historiadores ingênuos chamam "objetividade" o hábito de medir as opiniões e as ações passadas com as opiniões que têm livre curso no momento em que escrevem. É ali que encontram o cânone de todas as verdades. Seu trabalho consiste em adaptar o passado à trivialidade atual. Em contrapartida, chamam "subjetiva" toda forma de escrever a história que não considera como canônicas essas opiniões populares.

E mesmo que se desse à palavra "objetivo" seu supremo significado, não encerraria uma ilusão? Com essa palavra entendemos, no historiador, um estado de espírito em que este considera um acontecimento, em seus motivos e em suas consequências, com tal pureza que esse acontecimento não poderia ter sobre seu sujeito nenhum efeito. Entendemos esse fenômeno estético em que o pintor, livre de todo interesse pessoal, contempla sua imagem interior, no meio da tempestade, sob o trovão e os raios ou num mar agitado, e esquece assim sua própria personalidade. Pedimos também, portanto, ao historiador que se abandone a essa contemplação artística, a esse estado de imersão completa no fundo das coisas. Mas é um erro acreditar que a imagem das coisas exteriores, na alma de um homem assim disposto, reproduza a essência empírica destas. Ou, seria possível que em semelhante momento as coisas se reproduzam de algum modo por sua própria atividade, se fotografem num organismo absolutamente passivo?

Essa seria uma mitologia e, além do mais, uma mitologia muito ruim. E mais, esquecemos que esse momento é precisamente o momento da fecundação, o mais violento, o mais ativo e o mais pessoal na alma do artista, um momento de suprema criação, cujo resultado seria uma pintura verdadeira do ponto de vista artística, mas não do ponto de vista histórico. Conceber assim a história do ponto de vista objetivo é o trabalho silencioso do dramaturgo. A ele cabe sondar na imaginação os acontecimentos, ligar os detalhes para com eles formar um conjunto. Em toda parte deverá partir do princípio de que é necessário estabelecer uma unidade de plano nas coisas, desde que essa unidade já não se encontre estabelecida. É assim que o homem cerca o passado com uma rede, é assim que o domina, é assim que manifesta seu instinto artístico – mas não seu instinto de verdade e de justiça. A objetividade e o espírito de justiça nada têm em comum. Poderíamos imaginar uma forma de escrever a história que não contivesse uma parcela de verdade comum empírica e que pudesse, no entanto, visar no mais alto grau à objetividade. Grillparzer ousa até mesmo declarar: "O que é, pois, a história senão a maneira pela qual o espírito dos homens acolhe os *acontecimentos* que para ele são *impenetráveis*; a maneira pela qual substitui o que é incompreensível por algo compreensível; a maneira pela qual empresta seus conceitos de uma finalidade exterior a um todo que provavelmente só conhece uma finalidade interior; a maneira pela qual admite o acaso onde agem mil pequenas causas? Todo homem possui sua finalidade particular, de modo que mil direções correm, umas ao lado de outras, em linhas curvas e retas; elas se entrecruzam, se favorecem ou se entravam, avançam ou recuam e assumem desse modo, umas com relação às outras, o caráter do acaso, tornando assim impossível, abstração feita das influências dos fenômenos da natureza, a demonstração de uma finalidade decisiva que abrangeria nos acontecimentos a humanidade inteira."

Ora, o resultado desse olhar "objetivo" lançado sobre as coisas deve precisamente trazer à luz semelhante finalidade. Essa é uma hipótese que, se o historiador a erigisse em artigo de fé, só poderia assumir uma forma singular. É verdade que Schiller vê perfeitamente claro com relação ao caráter absolutamente subjetivo dessa suposição, quando diz do historiador: "Um fenômeno após outro começa a se subtrair ao cego acaso, à liberdade sem regra, para tomar posição, como um membro que se ajusta num conjunto harmonioso – conjunto que, para dizer a verdade, só existe na imaginação." Que se deve pensar, em contrapartida, dessa afirmação de um célebre historiador virtuoso, introduzida com tanta credulidade e que flutua entre a tautologia e o contrassenso: "Toda atividade humana está sujeita à poderosa e incessante marcha das coisas, atividade imperceptível, que se subtrai às vezes à observação"? Nesta frase, não há mais sabedoria enigmática que loucura não enigmática. Ela se assemelha a esta afirmação do jardineiro da corte, do qual Goethe fala: "Pode-se talvez forçar a natureza, mas não coagi-la" ou como esta inscrição de uma tenda de feira, de que fala Swift[29]: "Aqui se pode ver o maior elefante do mundo, exceto ele próprio." De fato, que oposição há entre a marcha das coisas e a atividade humana? Observo em geral que os historiadores, semelhantes àquele de quem acabei de citar uma frase, não instruem mais desde que se abandonam a generalidades e então velam, por meio de obscuridades, o sentimento que têm de sua própria fraqueza.

Em outras ciências, as generalidades são o que há de mais importante, contanto que contenham leis. mas, se quiséssemos apresentar como leis afirmações semelhantes àquela que acabamos de reproduzir, poderíamos responder que, nesse caso, o trabalho do historiador não passaria de desperdício, pois, se deduzirmos de semelhantes frases as obscuridades e o resto insolúvel de que falamos, o que fica é arquiconhecido e mesmo trivial, uma vez que cada um teve oportunidade de dar-se conta disso no mais restrito domínio da experiência. Ora, incomodar-se com esse amontoado de povos inteiros e empregar nele penosos anos de trabalho, não seria outra coisa senão acumular, nas ciências naturais, experiência sobre experiência, sem levar em conta

---

(29) Jonathan Swift (1667-1745), escritor irlandês (NT).

que, do tesouro das experiências conhecidas, a lei pôde já há muito ser deduzida. Segundo Zöllner[30], as ciências naturais, de resto, sofreriam hoje desses excessos insensatos no experimento. Se o valor de um drama não se baseasse senão na ideia principal e no tema final, o próprio drama não passaria de um longo desvio, de um caminho penoso e tortuoso, para chegar ao fim. Espero, portanto, que o significado da história não se encontre nas ideias gerais que seriam, de algum modo, suas flores e seus frutos, mas que seu valor consista precisamente em parafrasear espiritualmente um tema conhecido, talvez usual, uma melodia de todos os dias, para elevá-la até o símbolo universal, a fim de deixar entrever, no tema primitivo, todo um mundo de profundidade, de poder e de beleza.

Mas, para chegar a isso, é necessário acima de tudo um grande poder artístico, elevada visão criadora, um sincero aprofundamento nos dados empíricos, um desenvolvimento pela imaginação dos tipos dados – para falar a verdade, é de objetividade que se necessita, mas como qualidade positiva. Ora, com muita frequência, a objetividade não passa de uma bela palavra. Em lugar da calma tranquila e sombria do olhar artístico que esconde um clarão interior, só percebemos uma calma afetada; do mesmo modo que a ausência de postura e de força moral se transforma geralmente em observação fria e incisiva. Em certos casos, a banalidade de sentimentos, a sabedoria de todos que só dá a impressão de calma e tranquilidade pelo aborrecimento que difunde, só se arrisca a aparecer externamente para dar-se ares dessa condição artística, na qual o sujeito se cala e se torna perfeitamente imperceptível. Procura-se então ostentar tudo o que não comove e a palavra mais seca parece ser a conveniente. Chega-se até a acreditar que aquele que, num momento do passado *não representa absolutamente nada*, é precisamente aquele indicada para apresentar esse momento. É a relação que com frequência ocupam, uns diante dos outros, os filólogos e os gregos: uns nada têm a ver com os outros – e isso é então chamado de "objetividade"! Ora, é quando o que há de mais elevado e mais raro que deva ser exposto é que a indiferença exibida intencionalmente, a argumentação voluntariamente direta e seca são tanto mais revoltantes, especialmente quando é a *vaidade* do historiador que impele a essa impassibilidade de posturas objetivas. De resto, diante de semelhantes autores, importa motivar seu julgamento segundo o princípio de que a vaidade no homem está na razão inversa de sua razão. Não, convém

---

(30) Friedrich Zöllner (1834-1882), astrofísico alemão (NT).

ter pelo menos probidade! Não procurem mudar, empenhando-se em criar a aparência de justiça quando não são predestinados à terrível vocação do justo. Como se a obrigação da justiça para com todas as coisas fosse tarefa de todas as épocas! Pode-se até afirmar que as épocas e as gerações nunca têm o direito de se erigirem em juízes de todas as épocas e de todas as gerações anteriores. Somente indivíduos, e os mais adequados dentre eles, podem realizar essa missão ingrata. Quem, pois, os obriga a julgar? Façam, portanto, um exame de consciência, verão então se são capazes de julgar quando quiserem. Como juízes, deveriam ser postos em posição mais elevada do que aqueles que devem julgar, enquanto sua única qualidade é a de terem chegado mais tarde. Os hóspedes que se aproximam da mesa por último devem, com razão, ocupar os últimos lugares e vocês querem conseguir os primeiros. Pois bem! Realizem pelo menos o que há de mais elevado e sublime. Talvez então haveria quem lhes cedesse o lugar, mesmo que tivessem sido os últimos a chegar.

É somente com a maior força do presente que o passado deve ser interpretado: não é senão pela mais forte tensão de suas faculdades mais nobres que adivinharão o que, no passado, é digno de ser conhecido e conservado, que adivinharão o que é grande. Igual por igual! Caso contrário, rebaixarão o passado ao nível de vocês. Não creiam numa historiografia que não sai do pensamento dos cérebros mais raros; reconhecerão sempre a qualidade desses espíritos quando forem obrigados a exprimir uma ideia geral ou quando tiverem de repetir uma coisa universalmente conhecida. O verdadeiro historiador deve ter a força de transformar as coisas mais notórias em coisas inauditas e proclamar as ideias gerais com tanta simplicidade e profundidade que a profundidade leva a esquecer a simplicidade e a simplicidade, a profundidade. Ninguém pode ser ao mesmo tempo grande historiador, artista e espírito limitado. Não se deve, contudo, desprezar os trabalhadores que empurram o carrinho de mão, que aterram e saneiam, sob pretexto de que certamente não poderão se tornar grandes historiadores; menos ainda se deve confundi-los com estes, mas considerá-los como operários e trabalhadores necessários a serviço do patrão: algo como aquilo que os franceses chamam, com uma ingenuidade ainda maior do que seria possível entre alemães, de historiadores segundo o pensamento de Thiers[31]. Esses trabalhadores se

---

(31) Adolphe Thiers (1797-1877), político, jornalista e historiador francês (NT).

tornarão aos poucos grandes sábios, mas isso não é suficiente para que se tornem algum dia mestres. Um grande sábio e um espírito limitado, aí está quem se encontra muito mais facilmente sob o mesmo chapéu.

Portanto: é o homem superior e experiente que escreve a história. Aquele que não teve em sua vida acontecimentos maiores e mais sublimes do que tiveram seus semelhantes não está à altura de interpretar o que houve no passado de grande e de sublime. A palavra do passado é sempre palavra de oráculo. Não a compreenderão se não forem os construtores do futuro e os intérpretes do presente.

Explica-se agora principalmente a extraordinária influência, tão distante e tão profunda, dos oráculos de Delfos porquanto os sacerdotes de Delfos tinham um conhecimento profundo do passado. A partir do momento em que olharem para o futuro, em que impuserem um objetivo sublime, dominarão ao mesmo tempo esse instinto analítico exuberante que agora devasta o presente e que torna quase impossível qualquer tranquilidade, qualquer desenvolvimento pacífico, qualquer maturidade. Ergam em torno de vocês o baluarte de uma esperança sublime e vasta, de uma aspiração cheia de esperança. Formem-se uma imagem, à qual deva corresponder o futuro e esqueçam de acreditar que vocês são epígonos, o que é uma superstição. Terão tempo suficiente para pensar e inventar, se pensarem nessa vida futura. Mas não peçam à história mostrar o porquê e o como. Se, no entanto, se penetrarem da vida dos grandes homens, encontrarão esse mandamento superior de aspirar à maternidade e de escapar dessa barulhenta coação da educação moderna que tira seu proveito em não os deixar amadurecer para poder dominá-los e explorá-los. E se tiverem necessidade de consultar biografias, não escolham aquelas que têm como título *Senhor Fulano de tal e seu tempo*, mas prefiram os estudos que poderiam se intitular: "Um lutador que combateu seu tempo." Dessedentem sua alma em Plutarco[32] e ousem acreditar em vocês mesmos ao acreditar nos heróis dele.

Com uma centena desses homens, educados assim em conformidade com as ideias modernas, quero dizer, com homens que atingiram sua maturidade e que adotaram o hábito do que é heroico, toda a barulhenta cultura inferior deste tempo seria reduzida a um silêncio eterno.

---

(32) Plutarco (50-125), escritor e historiador grego; sua obra mais conhecida é *Vidas paralelas*, que reúne biografias de 23 gregos e 23 romanos, agrupadas em pares para comparação (NT).

Capítulo VII

O sentido histórico, quando pode reinar sem entraves e tira todas as consequências de seu domínio, erradica o futuro, porque destrói as ilusões e tira das coisas existentes a atmosfera que as cerca e das quais elas têm necessidade para viver. É por isso que a justiça histórica, mesmo quando fosse professada sob a inspiração dos sentimentos mais puros, é uma virtude terrível, pois, ela solapa sempre a base e destrói o que é vivo. Julgar, para ela, é sempre aniquilar. Quando por detrás do instinto histórico não houver um instinto construtor que age, quando não se destrói e não se desentulha para que um futuro já vivo em esperança edifique sua morada em solo limpo, quando somente a justiça reina, então o instinto criador fica enfraquecido e desencorajado. Uma religião, por exemplo, que deve ser transformada em saber histórico, uma religião que deve ser estudada de parte a parte, cientificamente, uma vez ultrapassada essa etapa, será, por isso mesmo, destruída. Toda verificação histórica traz à luz tantas coisas falsas, grosseiras, desumanas, absurdas, violentas que, forçosamente, se dissipa a atmosfera de ilusão piedosa em que tudo o que tem o desejo de viver pode somente prosperar. De fato, o homem não poderia criar senão no amor; abrigado pela ilusão do amor, terá a fé absoluta na perfeição e na justiça.

A partir do momento em que se obriga a alguém a não amar mais de uma forma absoluta, a raiz de seu poder foi cortada: a partir de então se ressecará, isto é, não será mais sincero. É necessário opor aos efeitos da história os efeitos da arte e é somente quando a história suporta ser transformada em obra de arte, tornar-se um produto da arte, que pode conservar instintos e talvez até mesmo despertar instintos. Ora, semelhante forma de escrever a história estaria em perfeita contradição com a tendência analítica e antiartística de nossa época, chegar-se-ia até mesmo a ver nela uma falsificação. Mas os estudos históricos que só fazem destruir, sem que um profundo instinto edificador os dirija, desgastam e deformam aos poucos seus instrumentos. Os historiadores abafam as ilusões e "aquele que destrói as ilusões, em si mesmo e nos outros, será punido pela natureza, que é o mais severos dos tiranos".

Na verdade, durante certo tempo, podemos nos ocupar de estudos históricos com inocência e sem procurar neles maldade, como se essa fosse uma ocupação semelhante a todas as outras. A nova teologia em particular parece estar colocada em relação com a história por pura inocência e, ainda agora, ela mal se digna perceber que, por isso mesmo, provavelmente a contragosto, se colocou a serviço do "*esmaguem o infame*" de Voltaire[33]. Que ninguém se engane a respeito, acreditando reconhecer em tudo isso novos e vigorosos instintos de construtor. A menos que se queira fazer passar a pretensa Associação protestante para o seio maternal de uma nova religião e o jurista Holtzendorf (editor e autor do prefácio de uma ainda mais pretensa Bíblia protestante) por são João Batista às margens do Jordão. É possível que, durante certo tempo, a filosofia hegeliana[34], cuja fumaça enche ainda os espíritos de uma Idade Média, ajude na propagação dessa ingenuidade, de tal modo que se estabeleça, por exemplo, uma diferença entre a "ideia do cristianismo" e suas "aparências" múltiplas e imperfeitas. Decidir-se-á então por se impor a si mesmo que essa "ideia" tem um maligno prazer em se manifestar sob formas sempre mais puras, para acabar finalmente por escolher a forma certamente mais clara e mais translúcida – a ponto de se tornar apenas visível – no cérebro do atual *theologus liberalis vulgaris* (teólogo liberal popular).

Mas quando ouve esses cristianismos *mais puros* se pronunciarem sobre os cristianismos anteriores que eram *impuros*, o ouvinte imparcial tem muitas vezes a impressão que na realidade não se trata de forma alguma de cristianismo. Do que se trata então? Em que devemos pensar

---
(33) François Marie Arouet, dito Voltaire (1694-1778), escritor e filósofo francês(NT).
(34) Filosofia de Georg Wilhelm Friedrich Hegel (1770-1831), filósofo alemão (NT).

quando ouvimos "os maiores teólogos do século" definir o cristianismo como a religião que permite "penetrar pelo espírito em todas as religiões verdadeiras e, mais ainda, naquelas que são somente possíveis", quando a "Igreja verdadeira" que o futuro vai trazer será "uma massa em fusão e sem contornos, em que cada parte vai se encontrar ora aqui, ora ali, e em que tudo vai se mesclar em paz"? – Uma vez mais, em que devemos pensar?

O que se passou com o cristianismo, ou seja, que, sob a influência do tratamento histórico, se tornou engraçado e antinatural (a ponto que essa prática justa levada ao extremo fez dele uma simples história da religião, de religião que era), pode-se estudá-lo sobre tudo o que possui da vida. O que vive cessa de viver quando se terminou de dissecá-lo. O estado doloroso e doentio começa quando começam os exercícios de dissecação histórica. Há homens que acreditam numa força curativa, transformadora e reformadora da música alemã sobre os alemães. Veem com ira e consideram que é uma injustiça cometida contra aquilo que nossa civilização tem de mais vivo, quando homens como Mozart[35] e Beethoven[36] hoje já são oprimidos pelo sábio amontoado dos biógrafos e forçados a responder a mil perguntas insidiosas, por meio do sistema de tortura da crítica histórica. Aquilo que ainda não esgotou suas influências vivas não é cada vez abolido erroneamente ou pelo menos paralisado, pelo fato de que se dirige a curiosidade para inumeráveis micrologias da vida e das obras e que problemas de conhecimento são procurados onde se deveria aprender a viver e a esquecer todos os problemas? Ora, transportem, na imaginação, alguns desses biógrafos modernos para o local de nascimento do cristianismo ou da reforma luterana. Sua seca curiosidade pragmática teria sido suficiente para tornar impossível toda misteriosa ação a distância, como o animal mais miserável pode impedir a formação do carvalho mais imponente pelo simples fato de devorar sua semente.

Tudo o que vive tem necessidade de se cercar de uma atmosfera, de uma auréola misteriosa. Se lhe for tirado esse envoltório, se uma religião, uma arte, um gênio forem condenados a gravitar como um astro sem envoltório nebuloso, não há porque se surpreender ao ver esse organismo secar, endurecer, esterilizar-se a breve prazo. É a lei

---

(35) Wolfgang Amadeus Mozart (1756-1791), compositor austríaco (NT).
(36) Ludwig van Beethoven (1770-1827), compositor alemão (NT).

que rege todas as grandes coisas, as quais, como diz Hans Sachs[37] em *Os mestres cantores*, "não prosperam sem um pouco de ilusão".

Mas todo povo também, todo homem que quiser chegar à *maturidade*, tem necessidade de uma dessas ilusões protetoras, de uma nuvem que o abrigue e o envolva. Hoje, contudo, temos horror da maturidade, porque damos mais importância à história que à vida. Mais ainda, vangloriamo-nos porque "a ciência começa a reinar sobre a vida". É possível que acabemos por chegar lá, mas é certo que uma vida assim administrada não vale grande coisa, porque é muito menos "vida" e traz em germe menos vida futura que a vida de outrora, regida não pelo saber, mas pelo instinto e por poderosas ilusões. Podem objetar que nosso tempo não deve ser a era das personalidades realizadas, maduras, harmoniosas, mas aquela de um trabalho coletivo, o mais produtivo possível. Isso significa dizer que os homens devem ser dirigidos em função das necessidades de nosso tempo, a fim de que estejam em condições de pôr a mão na massa; que devem trabalhar na grande fábrica das "utilidades" comuns antes de amadurecer e mesmo a fim de que nunca amadureçam – pois, isso seria um luxo que subtrairia ao "mercado do trabalho" uma quantidade de força. Cegamos certos pássaros para que cantem melhor: não creio que os homens de hoje cantem melhor que seus antepassados, mas o que sei é que os cegamos quando ainda são muito jovens. E o meio, o meio celerado que empregamos para cegá-los, é uma *luz muito intensa, demasiado repentina e variável*. O jovem é levado, a insistentes golpes de açoite, através dos séculos: adolescentes que não entendem nada da guerra, das negociações diplomáticas, da política comercial são julgados dignos de serem iniciados na história política. E, do mesmo modo que o jovem galopa através da história, o homem moderno galopa através dos museus ou corre para ouvir concertos. Pressentimos muito bem que tal música toca de outra forma que tal outra, que tal coisa produz outra impressão que tal outra. Ora, perder cada vez mais esse sentimento de surpresa, não se surpreender mais desmedidamente de nada, enfim, prestar-se a tudo – aí está o que chamamos sentido histórico, cultura histórica. Falando francamente: a massa das matérias de conhecimento que nos chegam de toda parte é tão formidável, tantos elementos inassimiláveis, exóticos, se comprimem violentamente,

---

(37) Hans Sachs (1494-1576), poeta alemão (NT).

irresistivelmente, "empilhados em vergonhosos montes", para encontrar acesso numa jovem alma que não tem outro recurso, para se defender dessa invasão, que assumir uma estupidez voluntária. Em naturezas dotadas na origem de uma consciência mais sutil e mais forte, outro sentimento não tarda a transparecer: o desgosto. O jovem se tornou um sem-pátria, duvida de todos os costumes e de todas as ideias. Sabe muito bem agora: outros tempos, outros costumes; pouco importa, portanto, quem és. Numa melancólica atonia, deixa desfilar diante dele uma opinião após outra e compreende o estado de alma e a palavra de Hölderlin[38], depois da leitura da obra de Diógenes Laércio[39] sobre a vida e a doutrina dos filósofos gregos: "Uma vez mais senti essa impressão muitas vezes experimentada anteriormente que esse caráter transitório e efêmero dos pensamentos e dos sistemas do homem me afeta de uma forma mais trágica daquilo que se denomina vicissitudes da vida real."

Não, semelhante inundação histórica, apalermante e violenta, não é certamente indispensável à juventude, como o mostra o exemplo dos antigos; muito mais, ela é um perigo e um perigo dos mais graves, como o mostra o exemplo dos modernos. Ora, considerem no presente o próprio estudante de história, a quem coube como herança esse sentido embotado muito precoce que já se percebe nele desde mais jovem idade. Assimilou o "método" de trabalho pessoal, o gesto das mãos e o tom diferenciado de seu mestre; um breve capítulo do passado cuidadosamente isolado do resto é o campo de experiências entregue à sua sagacidade e ao método que adquiriu; já produziu ou, para empregar uma expressão mais altiva, até mesmo já "criou". Desde então se tornou, por esse sublime fato, servo da verdade e mestre nos domínios da história. Sim, menino ainda, já estava "feito" e agora aí está ele muito bem feito: basta sacudi-lo e a sabedoria vai cair com grande rumor de seus ramos. Mas essa sabedoria está podre e cada fruta tem seu verme. Acreditem em mim; quando quisermos que os homens trabalhem e se tornem úteis na oficina da ciência, antes de terem atingido a maturidade, arruinamos a ciência no mais breve prazo, assim como arruinamos os escravos empregados muito cedo nessa oficina. Lamento que sejamos obrigados a nos servirmos da gíria dos proprietários de escravos e dos empregadores para descrever condições

---
(38) Friedrich Hölderlin (1770-1843), poeta alemão (NT).
(39) Diógenes Laércio (séc. III a.C.), escritor grego, autor de *Vidas, doutrinas e sentenças dos filósofos ilustres* (NT),

de vida que deveriam ser imaginadas depuradas de todo utilitarismo e ao abrigo das necessidades da existência. Mas involuntariamente expressões como "oficina", "mercado de trabalho", "oferta e demanda", "exploração" – e quaisquer que sejam os outros termos que qualificam os auxiliares do egoísmo – saem da boca quando queremos descrever a mais jovem geração dos sábios. A honesta mediocridade se torna sempre mais medíocre; a ciência, do ponto de vista econômico, sempre mais utilitária. Os sábios do último modelo não são instruídos, na realidade, senão num só ponto – sobre esse ponto, é verdade, são mais instruídos que todos os homens do passado, mas a respeito de todos os outros pontos são – para falar com prudência – só infinitamente *diferentes* de todos os sábios do antigo modelo.

Não deixam de reclamar para si honras e vantagens, como se o Estado e a opinião pública fossem obrigados a considerar as novas moedas de tão boa cunhagem como as antigas. Os carroceiros elaboraram para eles um contrato de trabalho, constando que a qualificação era inútil; – em decorrência disso, entregaram a cada carroceiro um selo de qualificação. Mas a posteridade haverá de ver muito bem nos edifícios construídos com seu trabalho que eles realizaram uma obra de carroceiro e não a de arquiteto. Para aqueles que têm incessantemente na boca o grito de guerra moderno e o apelo ao sacrifício "Divisão do trabalho! Em fila!", convém responder bem alto e claro: quanto mais quiserem acelerar o progresso da ciência, mais rapidamente vão aniquilar a ciência, do mesmo modo que uma galinha morre ao ser obrigada artificialmente a botar rápido demais seus ovos. Nesta última década, a ciência fez progressos surpreendentemente rápidos. Maravilha! Mas olhem, pois, os sábios: galinhas esgotadas. Verdadeiramente, esses não são naturezas "harmoniosas"! Sabem somente cacarejar bem mais que outrora, porque põem mais ovos: é verdade que esses ovos são sempre menores, mesmo que os livros que os sábios escrevem sejam sempre mais espessos.

Um último resultado, resultado muito natural, se produz, o desejo geral de "popularizar" a ciência (como aquele de "feminizá-la", de "infantilizá-la), o que significa ajustar o traje da ciência ao corpo do "meio público", para designar uma atividade de alfaiate na linguagem dos alfaiates. Goethe via nesse procedimento um abuso e queria que as ciências só agissem no mundo exterior por meio de uma *prática superior*. As antigas gerações de sábios tinham, além disso, boas razões para considerar semelhante abuso como penoso e importuno. Os jovens sábios têm igualmente boas razões para não levá-lo a sério, porque, excetuando a pequena esfera científica que lhes pertence, eles também fazem parte do meio público e trazem em si as necessidades desse público. Para eles é suficiente sentar-se comodamente para abrir o domínio de seus estudos a essa necessidade mesclada de curiosidade popular. Esse gesto de preguiçoso se torna logo "a humilde condescendência do sábio que se inclina para seu povo", quando, na realidade, o sábio só se rebaixou a si mesmo, porquanto não é sábio, mas fração do popular. Criem, pois, vocês mesmos o conceito de "povo"; não poderão imaginá-lo muito nobre e muito elevado. Se tivessem uma elevada ideia do povo, teriam também compaixão dele e evitariam certamente de lhe oferecer sua mistura histórica como uma bebida de vida. Ora, no fundo, vocês consideram o povo como pouca coisa, porquanto não podem ter do futuro dele uma verdadeira estima, muito bem fundada, e vocês agem como pessimistas práticos, quero dizer, como homens guiados pelo pressentimento da decadência e, por conseguinte, se tornam indiferentes pelo bem dos outros e até mesmo por seu próprio bem. Contanto que a gleba sobre a qual vivemos *nos* dê guarida ainda! Caso contrário, será igualmente "tanto melhor". Esse é o sentimento deles e assim vivem com uma existência *irônica*.

Capítulo VIII

Isso pode parecer estranho, mas não contraditório, se confiro, apesar de tudo, a uma época que, de bom grado insiste sobre sua cultura histórica e o faz com brados de triunfo, uma espécie de *consciência irônica*, uma espécie de sentimento vago que não leva a se regozijar, certo temor de que nisso se poderia transformar um dia toda a alegria do conhecimento histórico. Com relação a certas personalidades, Goethe nos apresentou um problema análogo, ao nos transmitir uma notável característica de Newton[40]. Encontra no fundo (ou, melhor, no alto) de seu ser "um obscuro pressentimento de seus erros", a expressão, percebida em certos momentos, de uma consciência superior e justiceira que chegou, acima de sua natureza própria, a certo olhar irônico. Desse modo é que encontramos, precisamente nos homens cujas ideias históricas atingiram um desenvolvimento superior e mais extenso, a convicção, levada às vezes até o ceticismo geral, de que é uma superstição acreditar que a educação de um povo deve ser como é hoje, essencialmente histórica. Os povos mais vigorosos, por seus atos e por suas obras, não viveram de outro modo, não conduziram de outra forma a educação de sua juventude? Mas – e essa é a objeção dos céticos – essa convicção convém para nós, esse absurdo convém para nós, os tardios, últimos ramos estrelados de poderosas e alegres

---

[40] Isaac Newton (1642-1727), físico, matemático e astrônomo inglês (NT).

gerações. A nós é que deve ser aplicada a profecia de Hesíodo[41] que afirma que um dia os homens vão nascer com cabelos grisalhos e que Zeus vai destruir essa geração, tão logo esse sinal se tornar visível. De fato, a cultura histórica é verdadeiramente uma espécie de caducidade de nascença e aqueles que carregam seus estigmas desde sua infância devem chegar a acreditar instintivamente na *velhice da humanidade*. Mas à velhice convém uma ocupação de ancião: olhar para trás, passar em revista, fazer um balanço, procurar um consolo nos acontecimentos de outrora, evocar lembranças, numa palavra, dedicar-se a uma cultura histórica. A espécie humana, contudo, é uma coisa tenaz e perseverante que não quer que julguemos seus passos – para frente e para trás – há centenas de milhares de anos. Dito de outra forma, a espécie humana não tem nenhuma veleidade de se deixar julgar em seu conjunto por esse átomo infinitesimal que é o homem individual. Que significam alguns milhares de anos (dito de outro modo, o espaço de tempo compreendido entre trinta e quatro vidas humanas que se sucedem, de sessenta anos cada uma), para poder falar no começo de semelhante época de "juventude" e, no fim, de "velhice da humanidade"! No fundo dessa crença paralisante para uma humanidade que já perece, não haveria talvez o mal-entendido de um conceito teológico e cristão, herdado da Idade Média, ou seja, a ideia de um fim próximo do mundo, de um juízo final esperado com angústia? Esse conceito seria mascarado pelo argumento dessa necessidade de juízo histórico, como se nossa época, sendo a última das épocas possíveis, fosse qualificado para proferir, sobre o conjunto do passado, esse juízo final que a fé cristã não espera de modo algum do homem, mas do "filho do homem"?

Outrora, esse "*memento mori*" (lembra-te que hás de morrer), lançado à humanidade bem como ao indivíduo, era um aguilhão que torturava sem cessar. Era de alguma forma o topo da ciência e da consciência da Idade Média. A palavra dos tempos modernos, "*memento vivere*" (lembra-te que hás de viver), que se opõe a ela hoje, falando francamente, guarda ainda um toque um pouco tímido, não sai a plenos pulmões e conserva algo de desonesto. De fato, a humanidade está ainda fortemente ligada ao "*memento mori*" e o demonstra por seu gosto pela história. Apesar de seus prementes voos históricos, a ciência não pôde romper seus entraves e lançar-se no ar livre; um profundo sentimento

---

(41) Hesíodo (sec. VIII a.C.), poeta grego, considerado o pai da poesia didática, autor de *Os trabalhos e os dias* (NT).

de desespero ficou e tomou esse matiz histórico que obscurece hoje e torna melancólicas toda educação e toda cultura superiores.

Uma religião que, de todas as horas da vida humana, considera a última como a mais importante, que prediz um fim da existência terrestre em geral e condena todos os seres vivos a viver no quinto ato da tragédia, semelhante religião comove certamente as forças mais nobres e mais profundas, mas está cheia de inimizade contra toda tentativa de nova plantação, contra toda tentativa audaciosa, contra toda livre aspiração, é contrária a todo voo no desconhecido, porque nele ela não encontra do que amar e esperar: o que está em seu futuro, só a contragosto se impõe, a fim de evitá-lo e sacrificar no momento presente, como incitação a viver, uma mentira sobre o valor da vida. O que os florentinos fizeram quando, sob a influência das exortações à penitência que lhes pregava Savonarola[42], preparando esses famosos holocaustos de quadros, manuscritos, jóias e trajes, o cristianismo gostaria de fazê-lo com toda civilização que convide a progredir e que tomou por divisa esse *"memento vivere"*. E se não for possível fazê-lo pelo caminho reto, sem desvios, isto é, pela superioridade das forças, chega assim mesmo a seu objetivo quando se alia à cultura histórica, na maioria das vezes sem que esta o saiba; e, a partir de então, falando sua linguagem, se opõe, dando de ombros, a tudo o que está *em seu futuro* e lhe confere o caráter do que é tardio e decadente, a fim de lhe dar um aspecto de caducidade.

A meditação dura e profundamente séria sobre o não-valor de tudo o que aconteceu, sobre a urgência que há em pôr o mundo a julgamento, deu lugar à convicção cética de que é, em todo caso, muito bom conhecer o passado, porquanto é muito tarde para fazer algo de melhor. Desse modo, o sentido histórico torna seus servidores passivos e respeitosos. É somente quando, em decorrência de um esquecimento momentâneo, esse sentido é suspenso que o homem doente de febre histórica se torna ativo. Mas, logo que a ação passou, ele se põe a dissecá-la, para impedi-la, pelo exame analítico ao qual a submete, de prolongar sua influência. Assim despojada, sua ação pertence então ao domínio da "história". Sobre esse domínio, vivemos ainda em plena Idade Média. A história é sempre uma teologia mascarada. De igual modo a veneração que o iletrado presta à casta instruída é ainda uma herança da veneração que

---
(42) Girolamo Savonarola (1452-1498), sacerdote italiano, implantou uma teocracia ditatorial na república de Florença, modificou a constituição e reformou os costumes, exercendo uma verdadeira tirania sobre o povo e criticando abertamente a lassidão e corrupção do clero e do papado; excomungado, foi preso, condenado à morte e queimado em praça pública (NT).

cercava o clero. O que outrora se dava à Igreja, hoje ainda lhe é dado, embora com mais parcimônia, à ciência. Mas se realmente demos algo, é à Igreja que o devemos e não ao espírito moderno que, excetuando outros bons costumes, é bastante avarento – não o ignoramos – pois, nele a nobre virtude da generosidade está ainda no estado rudimentar.

Pode ser que essa observação não agrade e que seja julgada tão desfavoravelmente que a dedução que tirei da proximidade entre os excessos dos estudos históricos e o medieval *memento mori*, de onde decorre a falta de esperança que o cristianismo traz no fundo de si próprio com relação aos tempos futuros da existência terrestre. Que sejam substituídas, portanto, essas explicações que só apresentei com hesitação por outras melhores. De fato, a origem da cultura histórica e de sua oposição fundamental e radical contra o espírito de um "novo tempo", de uma "consciência moderna" – essa própria origem deve ser estudada do ponto de vista histórico. A história *deve* resolver o próprio problema da história; a ciência deve voltar seu aguilhão contra si própria – essa tríplice obrigação é o imperativo do espírito do "novo tempo", para o caso em que houvesse realmente algo de novo, de poderoso, de original e de vivificante nesse "tempo novo". Ou seria verdade que nós, alemães – para não falar dos povos latinos – em todas as causas superiores da civilização nunca devemos ser senão "descendentes", pela simples razão que não *poderíamos* ser outra coisa? Wilhelm Wackernagel[43] exprimiu uma vez essa ideia numa frase que merece ser meditada: "Que quer que façamos, nós, alemães, somos um povo de *descendentes*; com toda nossa ciência superior, mesmo com nossa fé, somos sempre e somente os sucessores do mundo antigo; mesmo aqueles que se revoltam contra isso, cheios de hostilidade, respiram sem cessar, juntamente com o espírito do cristianismo, o espírito imortal da velha cultura clássica e, se conseguíssemos nos desvencilhar desses dois elementos da atmosfera que cerca o homem interior, não restaria praticamente do que preencher uma vida humana."

Mas mesmo que nos acomodássemos de bom grado com a sorte de sermos os herdeiros da antiguidade, mesmo que decidíssemos levar essa tarefa verdadeiramente a sério, para ver nela nosso único privilégio distintivo, seríamos, contudo, constrangidos a perguntar-nos se seria eternamente nosso destino sermos *alunos da antiguidade*

---

[43] Wilhelm Wackernagel (1806-1869), escritor alemão (NT).

que termina. Qualquer que seja o momento, deveríamos uma vez ter o direito de colocar nosso objetivo gradualmente mais longe e mais alto; em qualquer tempo que seja, deveríamos poder nos conceder o mérito de termos recriado, em nós mesmos, o espírito da cultura romano-alexandrina – também em nossa história universal – de uma forma tão fecunda e tão grandiosa que nossa mais nobre recompensa fosse a de nos impormos a tarefa mais gigantesca ainda, a de aspirar para além desse mundo alexandrino e procurar nossos modelos, com um olhar corajoso, no mundo primitivo, sublime, natural e humano da Grécia antiga. Ali encontraríamos igualmente *a realidade de uma cultura essencialmente anti-histórica, de uma cultura, apesar disso ou, melhor, por causa disso, indizivelmente rica e fecunda*. Mesmo que nós, alemães, não fôssemos outra coisa senão herdeiros, ao considerar semelhante cultura como uma herança de que devemos nos apropriar, não poderíamos imaginar algo de maior, algo de que fôssemos mais orgulhosos do que precisamente acolher essa herança.

Com isso quero dizer, e não quero dizer outra coisa, que a ideia muitas vezes penosa de ser epígonos, se o imaginarmos em intensidade, pode ter grandes efeitos e dar, para o futuro, garantias cheias de esperança, tanto ao indivíduo como ao povo, e isso enquanto nos considerarmos como os herdeiros e os descendentes de poderes clássicos e prodigiosos, vendo nisso para nós uma honra e um aguilhão. Não queremos, portanto, ser os rebentos tardios, estiolados e degenerados de gerações vigorosas que, em sua qualidade de arqueólogos e escavadores dessas gerações, prolongam sua vida precária. Certamente semelhantes seres tardios vivem uma existência irônica: o aniquilamento segue de perto sua carreira trôpega; estremecem quando querem se regozijar com o passado, pois, são memórias vivas e, no entanto, seu pensamento sem herdeiros é desprovido de sentido. A partir de então, um obscuro pressentimento os envolve, adivinham que sua vida é uma injustiça, visto que nenhum futuro poderá justificá-la.

Imaginemos, contudo, esses tardios amantes das antiguidades, mudando subitamente sua presunção contra essa resignação ironicamente dolorosa; imaginemo-los proclamando com voz tonitruante que a raça alcançou seu apogeu, pois, somente agora a ciência a domina, somente agora se revelou a si mesma. Então nos encontraríamos diante de um espetáculo que desvendaria, como num símbolo, o significado enigmático que possui para a cultura alemã certa filosofia muito famosa. Se houve ângulos perigosos na civilização alemã deste século, creio que houve mais perigosos que aquele que foi provocado por uma influência que ainda subsiste, a dessa filosofia, a filosofia hegeliana. A crença de que somos um ser tardio na época é verdadeiramente paralisante e própria para provocar o mau humor, mas quando semelhante crença, por uma audaciosa reviravolta, se põe a divinizar esse ser tardio, como se fosse realmente o sentido e o objetivo de tudo o que se passou até aqui, como se sua sábia miséria equivalesse a uma realização da história universal, então essa crença apareceria como algo de terrível e destruidor. Semelhantes considerações acostumaram os alemães a falar de um "processo universal" e a justificar sua própria época, vendo nela o resultado necessário desse processo universal. Semelhantes considerações destronaram outras potências intelectuais, a arte e a religião, para colocar em seu lugar a história, enquanto é o "conceito que se realiza a si mesmo", enquanto é "a dialética do espírito dos povos" e o "julgamento da humanidade".

Por ironia chamamos essa interpretação hegeliana da história a marcha de Deus na terra, porquanto Deus, de resto, só foi criado ele próprio pela história. Esse deus dos historiadores não chegou a uma clara compreensão de si mesmo senão nos limites que lhe traçam os cérebros hegelianos; ele já se elevou a todos os graus de seu ser possível, do ponto de vista dialético, até essa autorrevelação: de modo que, para Hegel, o ponto culminante e o ponto final do processo universal coincidiriam com sua própria existência berlinense. Hegel teria devido até mesmo afirmar que todas as coisas que viessem depois dele não deveriam ser consideradas exatamente senão como uma ressonância musical do rondó universal, mais exatamente ainda, como algo de supérfluo. Ele não afirmou isso. Em contrapartida, implantou nas gerações penetradas por sua doutrina essa admiração pelo "poder da história" que, praticamente, se transforma, a todo instante, numa admiração totalmente desprovida de sucesso e que conduz à idolatria dos fatos. Para esse culto idólatra, adotamos agora esta expressão bem mitológica e, além do mais, bem alemã: "Levar em conta os fatos." Ora, aquele que aprendeu a curvar a espinha e a inclinar a cabeça diante do "poder da história" fará um gesto aprovador e mecânico, um gesto à moda chinesa, diante de toda espécie de poder, quer seja um governo, quer seja a opinião pública ou ainda a maioria. Agitará seus membros segundo a medida que um "poder" adotar para manobrar por trás. Se todo sucesso trouxer em si uma necessidade razoável, se todo acontecimento for a vitória da lógica ou da "ideia" – oh! que nos ajoelhemos logo e percorramos assim todos os degraus do "sucesso"! Como, não haveria mais mitologias soberanas? Como, as religiões estariam prestes a se extinguir? Vejam, pois, a religião do poder histórico, tomem cuidado com os sacerdotes da mitologia das ideias e com seus joelhos machucados! Todas as virtudes não formam também um cortejo a essa nova fé? Ou, não é desinteresse quando o homem histórico se deixa transformar em espelho histórico? Não é generosidade renunciar a todo poder no céu e na terra, adorando com todo poder o poder em si? Não é justiça ter sempre nas mãos a balança das forças, observando para que lado pende? E que escola de decência é semelhante maneira de considera a história! Considerar tudo do ponto de vista objetivo, não se irritar com nada, não amar nada, tudo compreender, como isso torna suave e flexível! E mesmo que alguém que tivesse sido educado nessa escola se irritasse uma vez publicamente, ou se deixasse levar pela cólera, só teríamos que nos regozijar, pois, sabemos que não se trata do ponto de vista artístico e que, se for com *ira et studium* (ira e zelo), é, no entanto, completamente *sine ira et studio* (sem ira e zelo).

Quantas ideias envelhecidas tenho no coração diante de semelhante complexo de mitologia e de virtude! Mas devo dizê-las de uma vez, por mais que se riam. Diria, portanto, que a história ensina sempre: "Era uma vez"; a moral, em contrapartida: "Não devem" ou "Não deveriam ter feito". Desse modo, a história se torna um compêndio da imoralidade efetiva. Como se enganaria aquele que considerasse ao mesmo tempo a história como justiceira dessa imoralidade efetiva? A moral é, por exemplo, ofendida por ver que um Rafael[44] tenha tido de morrer aos trinta e seis anos. Um ser como ele não deveria morrer... Ora, se quiserem ajudar a história como apologistas dos fatos, dirão que Rafael expressou tudo o que tinha nele; se tivesse vivido mais tempo, sempre teria podido criar a beleza, mas uma beleza semelhante e não uma beleza nova, etc. Desse modo, vocês são os advogados do diabo. Claro que o são, ao fazer do sucesso, do "fato" seu ídolo, quando o fato é sempre estúpido, uma vez que desde sempre se assemelhou mais a um bezerro que a um deus. Apologistas da história, é a ignorância que os inspira, pois, é somente porque não sabem o que é uma *natura*

---
(44) Raffaelo Sanzio (1483-1520), pintor e arquiteto italiano (NT).

naturans, como Rafael, que vocês não se preocupam em aprender que ela subsistiu no passado e que nunca mais vai existir no futuro.

A respeito de Goethe, alguém quis nos ensinar recentemente que, com seus 82 anos, este havia esgotado suas forças vitais. E, no entanto, eu trocaria de bom grado alguns anos desse Goethe "esgotado" com um carro repleto de existências jovens e ultramodernas, para ter ainda minha parte em conversas semelhantes àquelas que Goethe teve com Eckermann[45] e para que me sejam poupados os ensinamentos, conformes à época, transmitidos pelos legionários do momento. Quão poucos vivos, diante de semelhantes mortos, têm em geral o direito de viver! O fato de que essa maioria está viva, quando a minoria dos homens raros já morreu, não passa de uma verdade brutal, ou seja, uma tolice irreparável, uma pesada afirmação "daquilo que está" diante da moral que diz que "isso não deveria ser assim". Sim, diante da moral! De fato, qualquer que seja a virtude de que se queira falar, a justiça, a generosidade, a bravura, a sabedoria e a compaixão – em toda parte o homem é virtuoso quando se revolta contra o poder cego dos fatos, contra a tirania da realidade e quando se submete a leis que não são as leis dessas flutuações da história. Nada sempre contra a onda histórica, seja que combata suas paixões como a mais próxima realidade estúpida de sua existência, seja que se empenhe na probidade, quando em torno dele a mentira fecha suas malhas brilhantes. Se a história não fosse outra coisa senão um "sistema universal de paixões e de erros", o homem deveria ler da mesma maneira com que Goethe aconselhava ler seu livro *Werther*[46], ou seja, como se a história exclamasse: "Seja homem e não me siga!" Felizmente ela conserva também a memória das grandes lutas *contra a história*, isto é, contra o poder cego da realidade e se ata a si mesma no pelourinho, pondo precisamente em relevo as verdadeiras naturezas históricas que se preocuparam em seguir o "assim é" muito mais do que, com alegre orgulho, um "assim deve ser". O que impele essas naturezas a ir sem cessar para frente não é trazer à terra sua geração, mas fundar uma nova geração. E se esses homens nascem eles próprios tardios em sua época, há uma forma de viver que fará esquecer seu caráter de homens tardios; – as gerações futuras só os conhecerão dessa forma como primogênitos.

---

(45) Johann Peter Eckermann (1792-1854), escritor alemão (NT).

(46) Trata-se do livro intitulado *Sofrimentos do jovem Werther*, publicado em 1774, de Johann Wolfgang von Goethe (1749-1832), escritor e político alemão (NT).

Capítulo IX

Nossa época é talvez uma época de primogênitos? – De fato, a veemência de seu sentido histórico é tão grande e se manifesta de uma forma tão universal e tão absolutamente ilimitada que nisso, pelo menos, as épocas futuras vão elogiar seu caráter de vanguarda – admitindo, contudo, que haja em geral *épocas futuras*, entendidas do ponto de vista da cultura.

Mas nesse ponto de visto precisamente subsiste uma pesada incerteza. Ao lado do orgulho do homem moderno surge sua *ironia* com relação a si próprio, a consciência de que deve viver num estado de espírito retrospectivo, inspirado pelo sol poente, o temor de nada poder levar para o futuro de suas esperanças de juventude, de suas forças juvenis. Aqui e acolá, vamos mais longe ainda no sentido do cinismo e justificamos a marcha da história, até mesmo toda a evolução do mundo, para ajustá-la ao uso do homem moderno segundo o cânone cínico: diremos que era necessário que fosse assim, que era necessário que as coisas caminhassem como caminham hoje, que o homem se tornasse como são os homens agora. Ninguém tem o direito de se opor a essa necessidade. Refugia-se no bem-estar de semelhante cinismo aquele que não pode se acomodar na ironia. É para ele que estes dez últimos anos oferecem, além do mais, uma de suas mais belas invenções, que é uma fórmula completa e arredondada para esse cinismo. Ele chama sua forma de viver – forma conforme à época e sem inconvenientes – "o completo abandono da personalidade ao processo universal"! A personalidade e o processo universal! O processo universal e a personalidade da pulga terrestre! Por que devemos ouvir incessantemente a hipérbole das hipérboles, a palavra universo, quando cada um só deveria sinceramente falar do homem? Herdeiros dos gregos e dos romanos? Herdeiros do cristianismo? Tudo isso parece não existir para esses cínicos. Mas herdeiros do processo universal! O sentido e a solução de todos os enigmas do devir, expressos no homem moderno, o fruto mais maduro na árvore do conhecimento! – Isso é o que chamo um sentimento sublime! Esse sinal distintivo permite reconhecer os primogênitos de todas as épocas, embora sejam os últimos a chegar. Jamais as considerações históricas impeliram para tão longe seu papel, nem mesmo em sonho, pois, agora a história do homem nada mais é que a continuação da história dos animais e das plantas. Mesmo nas mais obscuras profundezas do mar, o universalista da história encontra ainda, sob forma de organismos vivos, os vestígios dele próprio. Extasiando-se, como se se tratasse de um milagre, diante do enorme caminho já percorrido pelo homem, o olhar soçobra quando contempla esse milagre ainda mais surpreendente: o próprio homem moderno, capaz de abranger esse caminho com um só golpe de vista. O homem moderno se ergue orgulhosamente sobre a pirâmide do processo universal. Colocando no topo a chave de abóbada de seu conhecimento, parece apostrofar a natureza que, em torno dele, está à espreita e lhe diz: "Estamos no fim, somos o fim, somos a realização da natureza."

Orgulhoso europeu do século XIX, estás louco! Teu saber não é a realização da natureza, nada mais faz que matar tua própria natureza. Mede, portanto, o que sabes no nível do que podes. É verdade que sobes ao céu sobre os raios de sol da ciência, mas desces também ao caos. A maneira com que caminhas, a maneira pela qual teu saber te faz subir os degraus se torna para ti uma fatalidade. O chão cede sob teus passos para te levar à incerteza. Tua vida não tem apoio, não te resta mais que o fino tecido de uma teia de aranha e cada novo esforço de teu conhecimento o rasga. – Não digamos mais, porém, a esse respeito uma única palavra séria, pois, é preferível gracejar.

A dissipação frenética e atordoante de todos os princípios, a decomposição destes num fluxo e refluxo perpétuo, o infatigável *desfiamento* e a *historização*, pelo homem moderno, de tudo o que existiu, a grande teia de aranha no centro da tela universal – isso pode ocupar e preocupar o moralista, o artista, o homem piedoso e talvez também o homem de Estado. Nós, porém, queremos nos contentar em brincar com isso hoje, vendo tudo isso se refletir no esplêndido espelho mágico do *filósofo parodista*. Neste, o tempo chegou à consciência irônica por si mesmo, com uma precisão que chega "até a infâmia" (para empregar uma expressão de Goethe). Hegel afirmou uma vez que "quando o espírito tem um sobressalto, nós filósofos nos interessamos por isso". Nossa época teve um sobressalto em direção da ironia de si próprio e eis que já Eduard von Hartmann[47] estava lá para escrever sua célebre filosofia do inconsciente ou, para falar com maior exatidão: sua filosofia da ironia inconsciente. Raramente lemos uma invenção mais alegre e uma trapaça mais filosófica que a de Hartmann. O que Hartmann não esclarece sobre o *devir*, o que não consegue pôr de bom humor está realmente maduro para não existir mais. O começo e o fim do processo universal, desde os primeiros balbucios da consciência até o retorno ao grande nada, inclusive a tarefa exatamente definida de nossa geração nesse processo universal, tudo isso representado como decorrente da fonte de inspiração do inconsciente, inventando com tanto espírito e brilhando com uma luz apocalíptica, tudo isso com uma seriedade de homem honesto, como se fosse verdadeiramente uma filosofia para algo de bom e não uma filosofia para rir: aí está um conjunto que prova que seu criador é um dos primeiros parodistas filosóficos de todos os tempos. Sacrifiquemos, portanto, em seu altar, sacrifiquemos, pois, a ele, o inventor da verdadeira medicina universal, um punhado de cabelos, para usar uma das expressões de admiração de Schleiermacher[48]. De fato, que medicina seria mais salutar contra o excesso de cultura histórica que as paródias de toda história universal escritas por Hartmann?

Se quiséssemos dizer laconicamente o que Hartmann proclama do alto do tripé enfumaçado da ironia inconsciente, seria necessário afirmar que, segundo ele, nosso tempo deve ser tal como é, para que a humanidade leve adiante de uma vez seriamente essa existência. De bom grado acreditaríamos. Essa assustadora ossificação de nossa época, esses estalos febris de todos os ossos – tais como ingenuamente os descreveu David Strauss[49] como a mais bela realidade – Hartmann

---

(47) Karl Robert Eduard von Hartmann (1842-1906), filósofo alemão (NT).
(48) Friedrich Daniel Ernst Schleiermacher (1768-1834), teólogo protestante alemão (NT).
(49) David Friedrich Strauss (1808-1874), teólogo e filósofo alemão (NT).

não os justifica somente de imediato, *ex causis efficientibus* (de causas eficientes), mas ainda antecipadamente, *ex causa finali* (da causa final); do dia do juízo final, o esperto faz raiar sua luz para trás sobre nosso tempo e acha então que nosso tempo é perfeito, perfeito para aquele que quer sofrer tanto quanto possível das crueldades da vida, para aquele que não pudesse desejar com suficiente pressa a vinda desse dia do juízo. É o que Hartmann chama a idade de que a humanidade se aproxima agora, sua "idade de homem". Mas, se acreditarmos em sua própria descrição, esse é o estado feliz, no qual só haverá "boas mediocridades", no qual a arte será "o que é, para o aplicador da bolsa de Berlim, a grande farsa do teatro", no qual "os gênios não será mais uma necessidade da época, porque isso seria jogar as pérolas aos porcos ou ainda porque a época teria passado da fase à qual convinham os gênios a uma fase mais importante", a essa fase de evolução social em que cada trabalhador, "com um trabalho que lhe deixa suficiente lazer, para seu desenvolvimento intelectual, levará uma existência confortável". – Espertalhão de todos os espertalhões, tu exprimes o desejo da humanidade atual! Mas sabes igualmente que espectro vai ser encontrado no final dessa idade viril da humanidade, como resultado desse desenvolvimento intelectual para uma boa mediocridade: o desgosto. Visivelmente, tudo vai de mal a pior, mas no futuro tudo irá pior ainda, "visivelmente o anticristo estende sempre mais sua influência" – mas *é necessário* que assim seja, *é necessário* que tudo isso aconteça, pois, com tudo isso, nos encontraremos no melhor caminho para o desgosto de toda existência. "Vamos adiante, pois, no processo universal, com bons trabalhadores na vinha do Senhor, pois, é unicamente esse processo que pode levar à salvação!"

A vinha do Senhor! O processo! Levar à salvação! Quem, pois, não ouve ali a voz da cultura histórica, voz que só conhece a palavra "devir", da cultura histórica mascarada intencionalmente numa monstruosa paródia, para dizer, atrás de sua máscara grotesca, as coisas mais loucas a seu próprio respeito? De fato, o que pede, em suma, esse último apelo esperto aos trabalhadores da vinha? Em que tarefa devem bravamente progredir? Ou, para colocar de outra forma a pergunta: aquele que possui a cultura histórica, o moderno fanático que nada e se afoga no rio do devir, que lhe resta fazer para colher um dia a safra desse desgosto, a deliciosa uva dessa vinha? – Nada, a não ser continuar vivendo assim como viveu, continuar amando assim como amou, continuar odiando assim como odiou, continuar lendo o jornal que leu até o momento. Para ele, só existe um único pecado – viver de forma diferente da que viveu. Entretanto, como viveu, é o que nos ensina uma célebre página impressa em grandes caracteres, uma página escrita em estilo lapidar e que lançou todos os campeões da cultura atual num arrebatamento cego, num louco acesso de entusiasmo, porque eles acreditavam ler nessas frases sua própria justificação, iluminada por uma luz apocalíptica. De fato, de cada indivíduo o inconsciente parodista reclama: "o abandono completo da personalidade em favor do processo universal, para atingir o objetivo deste, que é a salvação universal". Ou, com maior clareza ainda: "A afirmação da vontade de viver é proclamada provisoriamente como a única coisa razoável, pois, é somente pelo completo abandono à vida e a suas dores, e não pela covarde renúncia individual e pelo recuo, que há algo a fazer para o processo universal..." "A aspiração à negação pessoal da vontade é tão insensata e inútil ou mesmo mais insensata que o suicídio..." "O leitor que refletir compreenderá, sem outras explicações, como se organizaria uma filosofia prática, erigida em seus princípios, e também que essa filosofia não poderia conter nenhum germe de divisão, mas que termina numa completa reconciliação com a vida."

O leitor que refletir compreenderá... e, no entanto, poderíamos interpretar mal Hartmann! E como é infinitamente gratificante ver que ele foi mal compreendido! Os alemães atuais seriam particularmente sutis? Um bravo inglês julga que eles têm falta de *delicadeza de percepção*; ousa até mesmo dizer: *na mente do alemão parece realmente haver algo de oblíquo, algo de áspero, embaraçoso e infeliz.* – O grande parodista alemão estaria tentado a protestar? É verdade que, segundo suas explicações, nos aproximamos "desse ideal em que a espécie humana fará sua história com consciência". Mas é evidente que estamos ainda bastante longe desse estado, talvez mais ideal ainda do momento em que a humanidade queira ler o livro de Hartmann com consciência. Se chegarmos a isso, ninguém mais vai proferir com sua boca a expressão "processo universal", sem que seus lábios se ponham a sorrir. De fato, então nos lembraremos do tempo em que ouvíamos o evangelho parodista de Hartmann com toda a probidade dessa *mente alemã*, mesmo com "a seriedade contorcida das corujas", para falar com Goethe, do tempo em que realmente o ouvíamos, o absorvíamos, o combatíamos, o venerávamos, o exibíamos e o canonizávamos.

É necessário, no entanto, que o mundo avance, seu estado ideal não virá em sonho, é necessário conquistá-lo pela luta e é a alegria que conduz à salvação, à libertação dessa incompreensível seriedade de coruja. Virá um tempo em que sabiamente nos absteremos de todos os edifícios do processo universal e também de querer fazer a história da humanidade, um tempo em que não consideraremos mais as massas, mas em que retornaremos aos indivíduos, aos indivíduos que formam uma espécie de ponte sobre o sombrio rio do devir. Não é que estes continuem o processo histórico, pelo contrário, vivem fora dos tempos, contemporâneos de algum modo, graças à história que permite semelhante concurso, vivem como essa "república dos gênios" da qual fala uma vez Schopenhauer; um gigante chama outro, através dos intervalos desertos dos tempos, sem que se deixem perturbar pela algazarra dos pigmeus, que pululam a seus pés, e continuam seus sobranceiros colóquios de espíritos. Cabe à história a tarefa de se intrometer no meio deles, de levar sempre e de novo à criação dos grandes homens, de dar forças para essa criação. Não, o *objetivo da humanidade* não pode subsistir no objetivo de seus destinos, só pode ser alcançado *em seus modelos mais elevados.*

É verdade que a isso nosso alegre personagem responde, com essa dialética admirável, que é tão verdadeira como seus admiradores são admiráveis: "Por pouca harmonia que houvesse com a ideia da evolução, se atribuíssemos ao processo universal uma duração infinita no passado, porque então toda evolução imaginável já teria sido percorrida – o que não é o caso (oh, maroto!) – por tão pouco podemos também conceder ao processo uma duração infinita no futuro; nos dois casos, a ideia da evolução para uma evolução seria supresso (ah, uma vez mais, maroto!) e o processo universal se assemelharia ao trabalho das Danaides[50]. Mas a vitória completa da lógica sobre o ilogismo (ah, maroto dos marotos!) deve corresponder ao fim terrestre do processo universal, ao dia do juízo."

Não, espírito esclarecido e gracejador, enquanto o ilogismo reinar ainda como hoje, enquanto puder, por exemplo, ser designado ainda, como tu fazes, de "processo universal", com o consenso geral, o dia

---

(50) Na mitologia grega, assim eram chamadas as 50 filhas de Dânao, rei de Argos. O irmão de Dânao as pediu em casamento para seus 50 filhos. Um oráculo, porém, havia predito que um genro o mataria; mesmo hesitando, Dânao não podia recusar o pedido de seu irmão, mas ordenou às 50 filhas que degolassem os maridos na noite do casamento. Todas obedeceram, exceto Hipermnestra, cujo marido, Linceu, matou o sogro, usurpando-lhe o trono. Como punição do crime, as Danaides foram condenadas, nos infernos, a encher de água um tonel sem fundo (NT).

do juízo estará longe ainda. De fato, nós nos alegramos muito ainda na terra, mais de uma ilusão ainda floresce, por exemplo, a ilusão que têm teus contemporâneos a teu respeito; estamos longe de ser bastante maduros para cair em teu nada, pois, acreditamos que a alegria será ainda muito maior na terra quando realmente tivermos começado a te compreender, a ti, inconsciente incompreendido. Se, no entanto, o desgosto tivesse de chegar impetuosamente, tal como tu profetizaste a teus leitores, se tivesses de ter razão realmente com tuas descrições do presente e do futuro – e ninguém os desprezou tanto como tu, até o desgosto – eu estaria verdadeiramente pronto a votar com a maioria, segundo a fórmula preconizada, uma moção propondo que sábado à noite, exatamente à meia-noite, teu universo tivesse de desaparecer. E que nosso decreto terminasse com esta conclusão: a partir de amanhã, o tempo não existirá mais e todos os jornais deixarão de circular. Mas pode muito bem ocorrer que nosso movimento fique sem efeito e que tenhamos baixado o decreto em vão. Pois bem, não deixaremos então de ter tempo pelo menos para fazer uma experiência mais bela. Tomaremos uma balança e colocaremos num dos pratos o inconsciente de Hartmann e, no outro, o processo universal de Hartmann. Há quem pretendesse que tivéssemos, dos dois lados, o mesmo peso, pois, nos dois pratos ficaria uma palavra, ambas igualmente maus, e um gracejo, ambos igualmente bons. Quando o gracejo de Hartmann tivesse sido realmente compreendido, ninguém mais se serviria da palavra de Hartmann sobre o "processo universal", de outra forma a não ser para... gracejar. De fato, é tempo mais que propício para entrar em campanha, com o anúncio e a convocação das maldades satíricas, contra as libertinagens do sentido histórico, contra o gosto excessivo para o processo, em detrimento do ser e da vida, contra o deslocamento insensato de todas as perspectivas. E é necessário dizê-lo em louvor ao autor da Filosofia do inconsciente, ele conseguiu sentir violentamente o que há de ridículo na concepção do "processo universal" e fazê-lo sentir mais violentamente ainda pela seriedade peculiar de sua exposição.

Para que serve o "mundo", para que serve a "humanidade"? Isso não deve provisoriamente nos preocupar, a menos que queiramos nos alegrar com um pequeno gracejo, pois, a presunção dos pequenos répteis humanos é o que há de mais tolo e de mais alegre no teatro da vida. Mas para que serves, tu, indivíduo? Pergunta-o a ti mesmo e se ninguém mais pode dizê-lo, tenta justificar o sentido de tua existência, de algum modo *a posteriori*, impondo-te a ti mesmo um objetivo, um "serviço" superior e nobre. Que esse serviço te leve a morrer! Não conheço melhor fim na vida do que se arrebentar contra o sublime e o impossível, *animae magnae prodigus* (pródigo de alma grande). Se, em contrapartida, as ideias do devir soberano, da fluidez de todas as concepções, de todos os tipos e de todas as espécies, da ausência de toda diversidade entre o homem e o animal – doutrinas que tenho por verdadeiras, mas por mortais – com a loucura do ensino que reina hoje, são jogadas ao povo durante mais uma geração, ninguém deverá se surpreender se o povo perecer de egoísmo e de mesquinharia, ossificado unicamente na preocupação de si mesmo. Começará por se esgotar e por cessar de ser um povo. Em seu lugar, veremos talvez aparecer, na cena do futuro, um emaranhado de egoísmos individuais, de confraternizações em vista da exploração total daqueles que não são "irmãos" e outras criações semelhantes do utilitarismo comum.

Para preparar essas criações, seria suficiente continuar escrevendo a história do ponto de vista das massas e procurar, na história, essas leis que podemos deduzir das necessidades das massas, isto é, os móveis os segmentos mais baixos da camada social. De minha parte, as massas não me parecem merecer atenção a não ser sob três pontos de vista. De um lado, são parte das cópias difundidas dos grandes homens, executadas em mau papel e com folhas usadas; são, de outro lado, a resistência que os grandes encontram e, finalmente, os instrumentos nas mãos dos grandes. De resto, que o diabo e a estatística as levem! Como a estatística poderia demonstrar que existem leis na história? Leis? Certamente, ela mostra como a massa é vulgar e uniforme até a repugnância. É necessário chamar leis os efeitos das forças de gravidade que são a tolice, a macaquice, o amor e a fome? Muito bem. Vamos convir! Mas então uma coisa é certa, é que, enquanto houver leis na história, essas leis não valem nada e a história não vale muito mais.

Mas é precisamente essa forma de escrever a história que goza hoje de renome universal, a forma que considera os grandes impulsos da massa como o que há de mais importante e de mais essencial na história e que considera todos os grandes homens simplesmente como a expressão mais perfeita da massa, a pequena bolha de ar que se torna visível na espuma das ondas. É a massa que deveria gerar em seu próprio seio o que é grande, a ordem deveria nascer do caos? Acaba-se então geralmente por entoar o hino em louvor da massa que gera. E chamamos "grande" tudo o que, durante certo tempo, removeu a massa, tudo o que foi, como se diz, "uma potência histórica". Mas isso não é confundir voluntariamente a quantidade com a qualidade? Quando uma massa grosseira julgou que uma ideia qualquer, por exemplo, uma ideia religiosa, era bem adequada a ela própria, quando a defendeu vigorosamente e a carregou após si durante séculos, então, e então somente, o inventor e o criador dessa ideia será considerado como grande. Por que, pois? O que há de mais nobre e mais sublime não age de modo algum nas massas. O sucesso histórico do cristianismo, seu poder, sua persistência, sua duração histórica, tudo isso não demonstra felizmente nada, com relação à grandeza de seu fundador e seria, em suma, antes feito para ser invocado contra ele. Entre ele e o sucesso histórico se encontra uma camada obscura e muito terrestre de poder, de erro, de sede de paixões e de honras, se encontram as forças do império romano que continuam sua ação, uma camada que proporcionou ao cristianismo seu gosto da terra, seu resto terrestre. Essas forças tornaram possível a continuidade do cristianismo na terra e lhe deram, de alguma forma, sua estabilidade. A grandeza não deve depender do sucesso e Demóstenes[51] tem grandeza, embora não tivesse sucesso.

    Os seguidores mais puros e mais verídicos do cristianismo sempre puseram em dúvida seu sucesso temporal, o que foi chamado de seu "poder histórico"; antes, travaram esse sucesso que não impulsionaram. De fato, tinham o costume de se colocar fora do "mundo", não se ocupando do "processo das ideias cristãs"; é por isso que, na maior parte do tempo, ficaram perfeitamente desconhecidos na história. Para me expressar do ponto de vista cristão, diria que o diabo governa o mundo e que é o mestre do sucesso e do progresso. Em todas as potências históricas, o cristianismo é a verdadeira potência e, em resumo, será sempre assim, embora seja desagradável ouvi-lo dizer, para uma época habituada a divinizar o sucesso e a potência histórica. De fato, nossa época se exercitou precisamente em chamar as coisas com novo nome e a desbatizar o próprio demônio. Nós nos encontramos certamente à beira de um grande perigo: os homens parecem prestes a descobrir que o egoísmo dos indivíduos, dos grupos e das massas foi desde sempre a alavanca dos movimentos históricos. Mas, ao mesmo

---

(51) Demóstenes (384-322 a.C.), orador e estadista grego; após da derrota de sua coligação política, se envenenou (NT).

tempo, não nos inquietamos de modo algum com essa descoberta e decretamos que o egoísmo deve ser nosso deus. Com essa nova fé, nos aprontamos, sem disfarçar nossas intenções, para edificar a história futura no egoísmo, exigimos somente que seja um egoísmo sábio, um egoísmo que imponha algumas restrições para lançar bases sólidas, um egoísmo que estude a história precisamente para aprender a conhecer o egoísmo pouco sábio. Esse estudo permitiu aprender que cabe ao Estado uma missão toda peculiar nesse sistema universal do egoísmo que está para ser fundado. O Estado deve se tornar o patrono de todos os egoísmos sábios, para proteger a estes, com seu poder militar e policial, contra os excessos do egoísmo pouco sábio. É para realizar o mesmo objetivo que a história – sob forma de história dos homens e história dos animais – foi introduzida cuidadosamente nas camadas populares e nas massas operárias, que são perigosas porque sem razão, pois, sabemos que uma pequena semente de cultura histórica é capaz de dobrar os instintos e os apetites obscuros ou de levá-los pelo caminho do egoísmo refinado.

Em resumo, para falar como Eduard von Hartmann, o homem tem agora "consideração por uma instalação prática e habitável da pátria terrestre que visa ao futuro com circunspecção". O mesmo escritor denomina semelhante período de "a idade viril da humanidade" e assim caçoa daquilo que hoje chamamos "homem", como se com isso se devesse somente ouvir o egoísta desabusado. De igual modo, profetiza que, depois de semelhante idade de homem, virá uma idade de velhice que o completará, mas essa profecia tem visivelmente o objetivo de acabrunhar com suas pantomimas nossos anciãos atuais, pois, fala da maturidade contemplativa que predispõem "para passar em revista os sofrimentos e as sombrias tempestades de sua vida passada e a vaidade daquilo que consideravam até o momento como o objetivo de seus esforços".

Não, à idade viril de semelhante egoísmo astucioso e de cultura histórica corresponde uma velhice ligada à vida, com uma avidez repugnante e sem dignidade e, finalmente, como último ato que termina "essa história singularmente acidentada, como uma segunda infância, o esquecimento completo, sem olhos, sem dentes, sem gosto e sem tudo"[52].

De qualquer lado que venham os perigos para nossa vida e nossa

---

(52) Citação de *As you like it* (II, VII) de William Shakespeare (1564-1616), dramaturgo e poeta inglês (NT).

civilização, que sejam desses anciãos selvagens, privados de dentes e de gosto, ou desses seres que Hartmann denomina "homens", diante de todos eles queremos segurar com os dentes os direitos de nossa juventude e não deixar de defender nosso futuro, em nossa juventude, contra esses iconoclastas que querem partir as imagens do futuro. Mas essa luta nos leva a fazer uma constatação particularmente grave: *Ativamos, encorajamos e utilizamos intencionalmente as libertinagens do sentido histórico de que o presente sofre.*

E, o que é mais grave, utilizamos contra a juventude, a fim de levá-la a essa maturidade do egoísmo para o qual se tende em toda parte, utilizamos para romper a repugnância natural da juventude por uma explicação luminosa, isto é, científico-mágica desse egoísmo, a um tempo viril e pouco viril. Sabemos de que é capaz a história quando lhe conferimos certa preponderância, sabemos até demais! Ela extirpa os instintos mais violentos da juventude, o ímpeto, o espírito de independência, o esquecimento de si, a paixão; tempera o ardor do sentimento de justiça; abafa ou reprime o desejo de chegar lentamente à maturidade pelo desejo contrário de estar imediatamente pronto, de ser logo útil, de ser de imediato fecundo; corrói, pelo veneno da dúvida, a sinceridade e a audácia do sentimento. Sim, ela pretende mesmo frustrar a juventude de seu mais belo privilégio, pretende lhe tirar a força de aceitar uma grande ideia, num impulso de fé transbordante, pretende fazer surgir do fundo de si mesma uma ideia maior ainda.

O excesso dos estudos históricos é capaz de tudo isso, já o vimos, pois, esse excesso desloca sem cessar, no homem, as perspectivas, transforma o horizonte, suprime a atmosfera de que está cercado, o que não permite mais ao homem agir e sentir do ponto de vista *não-histórico*. A partir de então o homem abandona o horizonte infinito para se retirar em si mesmo, no mais ínfimo círculo egoísta, onde se torna insensível. Chegará talvez à habilidade, jamais à sabedoria. Deixa de ser intransigente consigo, conta com os fatos para se acomodar, não se agita mais, mas pisca os olhos e se empenha em buscar sua própria vantagem ou a vantagem de seu partido, para vantagem ou prejuízo dos outros. Desaprende a vergonha supérflua e se torna assim, aos poucos, o que Hartmann chama de "o homem", o que Hartmann chama de "o ancião".

Queremos, porém, que assim se torne; esse é o sentido desse "pleno abandono da personalidade ao processo universal" que reclamamos com tanto cinismo – nós o queremos, por causa de seu objetivo que é a libertação do mundo, como o afirma Eduard von Hartmann, o espertalhão. Ora, a vontade e o objetivo desses "homens", desses "anciãos" de Hartmann, pode ser dificilmente a libertação do mundo, pois, certamente o mundo seria libertado, se estivesse livre desses homens e desses anciãos. De fato, então começaria o reino da juventude.

Capítulo X

Neste momento, pensando na juventude, exclamo: Terra! Terra! É suficiente, e mais que suficiente, para pesquisas apaixonadas, viagens de aventura por mares sombrios e estrangeiros! Enfim a costa aparece. Qualquer que seja essa costa, é lá que se deve desembarcar e o pior porto ao acaso é preferível ao retorno ao infinito cético e sem esperança. Fiquemos sempre em terra firme; mais tarde encontraremos portos hospitaleiros e, para os que chegarem, facilitaremos a abordagem.

Essa viagem foi perigosa e irritante. Como estamos longe agora da tranquila contemplação que no início nos levava a olhar nossos navios vogar para o largo! Seguindo de perto os perigos da história, ficamos incessantemente expostos a receber os golpes dela. Nós mesmos carregamos os vestígios dos sofrimentos que acabrunharam os homens dos tempos modernos em decorrência do excesso dos estudos históricos e este tratado, com sua crítica imoderada, com o verdor de sua humanidade, com seus saltos frequentes da ironia ao cinismo, do orgulho ao ceticismo, mostra muito bem, não gostaria de escondê-lo, que carrega a marca moderna, o caráter da personalidade fraca. E, no entanto, confio no poder inspirador que, na falta de um gênio, conduz meu barco, confio na *juventude* e creio que ela me guiou bem impelindo-me agora a escrever um *protesto conta a educação histórica que os homens modernos ministram à juventude*. Protestando, exijo que o homem aprenda acima de tudo a viver e que não utilize a história senão *a serviço da vida aprendida.* É necessário ser jovem para compreender esse protesto e, com a tendência de encanecer muito cedo, que é próprio de nossa juventude atual, mal poderíamos ser bastante jovens para sentir contra que aqui protestamos enfim.

Para me fazer compreender melhor, vou me servir de um exemplo. Na Alemanha, há pouco mais de um século, despertou em alguns jovens o instinto natural do que se chama poesia. Imaginaríamos talvez que a geração que precedeu esta não falava, em seu tempo, de uma arte cuja compreensão não possuía e que lhe era estranha? Sabemos que foi exatamente o contrário que ocorreu. Refletiam, discutiam e escreviam então tanto quanto podiam a respeito "da poesia", mas eram só palavras sobre palavras, palavras, palavras, esbanjadas para falar de palavras. Esse despertar de uma palavra para a vida não acarretou, logo de início, o fim desses fazedores de palavras; em certo sentido, vivem hoje ainda. De fato, se, como diz Gibbon[53](53), for necessário somente tempo, mas muito tempo, para fazer perecer uma palavra, não será necessário igualmente senão tempo, mas muito mais tempo ainda, para fazer perecer, na Alemanha, o "país do pouco a pouco", uma falso conceito. Seja como for, há talvez atualmente cem homens a mais que há cem anos que sabem o que é a poesia; talvez daqui a cem anos haverá também cem a mais que, daqui até lá, terão aprendido o que é a cultura e que saberão que até o momento os alemães não tiveram cultura, por mais que digam e qualquer que seja o orgulho que tentem demonstrar. Para esses, a satisfação geral que aos alemães causa sua *cultura* parecerá tão incrível e simplória como para nós a "classicidade" outrora reconhecida a Gottsched[54](54) ou a estima de que gozava Ramler[55](55) que era qualificado com o título de "Píndaro[56](56) alemão". Julgarão talvez que essa cultura não passou de uma forma de ciência da cultura e, além do mais, uma ciência muito falsa e superficial. Falsa e superficial porque suportávamos a contradição entre a ciência e a vida, porque não percebíamos até mesmo que havia características na civilização dos povos que possuem verdadeiramente uma cultura. A cultura não pode nascer, crescer e se expandir senão na vida, enquanto que, nos alemães, é espetada como uma flor de papel, com ela se cobrem como

---

(53) Edward Gibbon (1737-1794), historiador britânico (NT).
(54) Johann Christoph Gottsched (1700-1766), escritor alemão (NT).
(55) Karl Wilhelm Ramler (1725-1798), poeta e crítico alemão (NT).
(56) Píndaro (518-438 a.C.), poeta lírico grego (NT).

que por uma camada de açúcar, o que faz com que ela permaneça sempre mentirosa e infecunda.

A educação da juventude na Alemanha, porém, parte precisamente desse conceito falso e infecundo da cultura. Seu objetivo, se for imaginado puro e elevado, não é de modo algum o homem instruído e livre, mas o sábio, o homem científico, mais precisamente o homem científico que se torna útil tão logo quanto possível, que permanece fora da vida para conhecer mais exatamente a vida; seu resultado, se for colocado do ponto de vista popular e empírico, é o filisteu instruído, o filisteu estético-histórico; é o grande tagarela velho-jovem e jovem-velho que vaticina a respeito do Estado, da Igreja, da arte; é um sensório de mil impressões de segunda mão; é um estômago satisfeito que não sabe ainda o que é ter realmente fome, ter realmente sede. Que semelhante educação, com semelhantes objetivos e resultados, seja contra a natureza, isso somente pode senti-lo quem ainda não chegou ao fim, que ainda possui o instinto da natureza, mas certamente essa educação se aniquilará artificial e brutalmente. Aquele, contudo, que por sua vez quiser aniquilar essa educação deverá ser o porta-voz da juventude, deverá esclarecer a repugnância inconsciente que esta possui contra a luz de seus conceitos e deverá conduzi-la a uma consciência que fale alto e claro. Mas como alcançar um objetivo tão estranho?

Acima de tudo, destruindo uma superstição, a crença na *necessidade* dessa educação. Não haveríamos de acreditar que não haja outra possibilidade a não ser nossa deplorável realidade de hoje? Que nos demos, pois, o trabalho de examinar as obras pedagógicas utilizadas no ensino superior durante os dez últimos anos. Perceberemos, com surpresa e desprazer, como, apesar de todas as variações nos programas, apesar da violência das contradições, as intenções gerais da educação são uniformes, como o "homem instruído", tal como é entendido hoje, é considerado sem hesitação como o fundamento necessário e racional de toda educação futura. Aqui estão, aproximadamente, os termos desse cânone uniforme: o jovem começará sua educação aprendendo o que é a cultura, não aprenderá o que é a vida, com maior razão ignorará a experiência da vida. Essa ciência da cultura será infundida no jovem sob forma de ciência histórica, ou seja, seu cérebro será enchido com uma quantidade enorme de noções extraídas do conhecimento indireto das épocas passadas e dos povos desaparecidos e não da experiência direta da vida. O desejo do jovem de aprender algo por si e fazer crescer nele um sistema vivo e completo de experiências pessoais, semelhante desejo é abafado e, de algum modo, embriagado pela visão de uma miragem opulenta, como se fosse possível resumir em si, em poucos anos, os conhecimentos mais sublimes e maravilhosos de todos os tempos e, em particular, das maiores épocas. É o mesmo método extravagante que conduz nossos jovens artistas aos escritórios de estamparia e às galerias de quadros, em vez de levá-los aos ateliês dos mestres e, acima de tudo, ao único ateliê do único mestre, a natureza. Como se, na qualidade de caminhantes apressados nos jardins da história, pudéssemos aprender coisas do passado, seus procedimentos e seus artifícios, seu verdadeiro rendimento vital. Como se a própria vida não fosse uma trabalho que é necessário aprender a fundo, que é necessário reaprender incessantemente, que é necessário exercitar sem trégua, se não quisermos que ela dê origem a incapazes e tagarelas!

Platão[57] julgava necessário que a primeira geração de sua nova sociedade (no Estado perfeito) fosse educada com a ajuda de uma vigorosa *mentira piedosa*; as crianças deviam aprender a acreditar que todos já tinham vivido em sonho sob a terra, durante certo tempo, e que tinham sido petrificados e formados pelo mestre da natureza. Impossível de se insurgir contra esse passado, impossível de opô-lo à obra dos deuses. Uma lei inviolável da natureza afirma que aquele que nasceu filósofo tem ouro em seu corpo, sé nasceu guarda terá prata, se nasceu operário terá ferro e bronze. Do mesmo modo que não é possível misturar esses metais, explica Platão, assim também seria para sempre impossível subverter a ordem das castas. A fé na *aeterna veritas* (verdade eterna) dessa ordem é o fundamento da nova educação e, com isso, do novo Estado. – De igual modo, o alemão moderno acredita na *aeterna veritas* de sua educação e de sua forma de cultura. E, no entanto, essa crença cai em ruínas, como o Estado platônico teria caído em ruínas, quando se opõe à piedosa mentira uma piedosa verdade, ou seja, que o alemão não tem cultura porque, em virtude de sua educação, não pode ter. Ele quer a flor sem a raiz nem o caule; é, portanto, em vão que a quer. Essa é a verdade pura, uma verdade desagradável e brutal, uma verdadeira verdade piedosa.

Mas é nessa verdade piedosa que nossa *primeira geração deve ser educada*. Ela a fará certamente suportar grandes sofrimentos, pois,

---

[57] Referência à obra *A República* de Platão (427-347 a.C. (NT).

por essa verdade, essa geração deve se educar a si mesma, se educar a si própria contra si própria, para um novo hábito e uma nova natureza, saindo de uma primeira natureza e de um velho hábito, de modo que poderia se repetir o provérbio provençal: *Defienda me Dios de my*: que Deus me defenda de mim, isto é, de minha natureza inculcada. É necessário que ela absorva essa verdade, gota a gota, como um remédio amargo e violento. E cada indivíduo dessa geração deverá se superar para proferir sobre si mesmo um julgamento que pudesse suportar mais facilmente, caso se referisse de uma forma geral a uma época inteira: não temos educação; ou ainda: nós nos tornamos incapazes de viver, de ver e de ouvir de uma forma simples e justa, de assumir com felicidade o que há de mais natural e, até agora, não possuímos até mesmo a base de uma cultura, porque não estamos persuadidos de que no fundo de nós mesmos possuamos uma vida verdadeira. Aqui e acolá esmigalhado e esparramado; decomposto, em resumo, quase mecanicamente, numa parte interior e numa parte exterior; salpicado de conceitos como de dentes de dragão, gerando dragões-conceitos; sofrendo a mais da doença das palavras; desconfiando de toda sensação pessoal que ainda não recebeu o carimbo das palavras; fábrica inanimada e, no entanto, estranhamente ativa, de palavras e conceitos, tal como sou talvez ainda tenha o direito de dizer de mim: *cogito, ergo sum* (penso, logo existo), mas não: *vivo, ergo cogito* (vivo, logo penso). O "ser" vazio me é garantido, mas não a "vida" plena e verdejante. Minha sensação primitiva me demonstra somente que sou um ser pensante, mas não que sou um ser vivo, que não sou um *animal*, mas quando muito um *cogital*. Deem-me em primeiro lugar uma via e saberei fazer com ela uma cultura! – É o grito que cada indivíduo dessa primeira geração poderá lançar. E todos os indivíduos se reconhecerão uns aos outros com esse grito. Quem, portanto, vai querer dar-lhes essa vida?

Não será nem um deus nem um homem: mas somente sua própria *juventude*. Desacorrentem-na e, por ela, terão libertado a vida. De fato, a vida estava somente escondida e aprisionada, ainda não secou nem feneceu – peçam-na, portanto, a vocês mesmos!

Mas essa vida libertina está doente e é necessário curá-la. É minada por muitos males e não é somente a lembrança de suas correntes que a faz sofrer. Sofre e isso é sobretudo o que nos interessa aqui, sofre da *doença histórica*. O excesso dos estudos históricos enfraqueceu a força plástica da vida, de modo que esta não sabe mais se servir do passado como de um alimento substancial. O mal é terrível e, no entanto, se a juventude não possuísse o dom clarividente da natureza, ninguém saberia que é um mal e que um paraíso de saúde foi perdido. Mas essa mesma juventude adivinha também, com o instinto curativo da própria natureza, como esse paraíso pode ser reconquistado. Conhece os bálsamos e os medicamentos contra a doença histórica, contra o excesso dos estudos históricos. Como se chamam, pois, esses bálsamos e esses medicamentos?

Pois bem! que ninguém se surpreenda se eles têm nomes de venenos. Os contravenenos para o que é histórico são o *não-histórico* e o *supra-histórico*. Com estas palavras retornamos ao início de nossa consideração e a seu ponto de apoio.

Com o termo "não-histórico" designo a arte e a força de poder esquecer e se encerrar num *horizonte* limitado. Chamo "supra-históricos" os poderes que desviam o olhar do devir para o que confere à existência o caráter do eterno e do idêntico, para a *arte* e a *religião*. A *ciência* – pois, é ela que falaria de venenos – a ciência vê nessa força, nesses poderes, poderes e forças adversas, pois, ela considera somente como verdadeiro e justo o exame das coisas, isto é, o exame científico, que em toda parte vê um devir, uma evolução histórica e não um ser, uma eternidade. Ela vive em contradição íntima com os poderes eternizantes da arte e da religião, ao passo que detesta o esquecimento, a morte do saber, procurando suprimir os limites do horizonte, para lançar o homem no mar infinito e ilimitado, o mar de ondas luminosas, do devir reconhecido.

Se pelo menos nele pudesse viver! Do mesmo modo que um terremoto devasta e desola as cidades, de maneira que é com angústia que os homens edificam sua morada em solo vulcânico, assim também a própria vida desmorona, se enfraquece e perde coragem quando o *terremoto de conceitos* que a ciência produz tira do homem a base de toda a sua segurança, de toda a sua calma, sua fé em tudo o que é duradouro e eterno. Ora, a vida deve dominar o conhecimento e a ciência ou o conhecimento deve dominar a vida? Qual dos dois poderes é superior e determinante? Ninguém terá dúvidas, a vida é o poder superior e dominante, pois, o conhecimento, ao destruir a vida, se teria destruído ao mesmo tempo a si próprio. O conhecimento pressupõe a vida e tem, portanto, para a conservação da vida, o mesmo interesse que todo ser tem por sua própria continuidade. A partir de então o conhecimento necessita de uma instancia e uma vigilância superiores; uma *terapêutica da vida* deveria ser colocada imediatamente ao lado da ciência e uma das regras dessa terapêutica deveria ensinar precisamente: o anti-histórico e o supra-histórico são os antídotos naturais contra a invasão da vida pela história, conta a doença histórica. É possível que nós que temos a doença da história tenhamos também de sofrer com os antídotos. Mas essa não é uma prova contra a justeza do tratamento escolhido.

E aqui reconheço a missão dessa *juventude*, dessa primeira geração de lutadores e de matadores de serpentes que deseja uma cultura e uma humanidade mais felizes e mais belas, sem possuir somente um pressentimento dessa felicidade futura, dessa beleza futura. Essa juventude sofrerá a um tempo com a doença e com o antídoto. E, no entanto, ela acredita poder se vangloriar de possuir uma saúde mais vigorosa e, em geral, uma natureza mais natural que a geração que a precede, a dos "homens" e dos "anciãos" instruídos do presente. Mas sua missão é a de abalar as noções de "saúde" e de "cultura" que esse presente possui e gerar a zombaria e o ódio contra esse monstro de conceito híbrido. O sinal distintivo e anunciador de sua própria saúde vigorosa deverá ser precisamente o fato de que essa juventude não poderá se servir, para determinar sua natureza, de nenhum conceito, de nenhum termo de conchavos em uso na linguagem corrente de hoje, mas deverá se contentar em ser persuadida de seu poder ativo e combativo, de seu poder de eliminação da vida, a cada momento mais intenso. Pode-se contestar que essa juventude já possui cultura – mas para qual juventude isso seria uma recriminação? Podemos recriminá-la pela rudez e pela intemperança, mas não está ainda bastante avançada em idade e sábia para se moderar. Antes de tudo, ela não tem necessidade de fingir e de defender uma cultura acabada e desfruta de todas as consolações e de todos os privilégios da juventude, especialmente do privilégio da lealdade corajosa e temerária e da consolação entusiasmada da esperança.

Sei que esses jovens que esperam compreendem de perto todas essas generalidades e que suas próprias experiências vão lhes permitir de traduzi-las numa doutrina pessoal. Que os outros se contentem, esperando, em só perceber vasos fechados que poderiam muito bem julgar vazios, até que veem com seus próprios olhos surpresos que esses vasos estão cheios e que ódios, reivindicações, instintos vitais, paixões estavam incluídos e encerrados nessas generalidades, sendo que esses sentimentos não poderiam ficar muito tempo escondidos. Enviando esses incrédulos ao tempo que tudo faz nascer, dirijo-me, para concluir, a essa sociedade dos que esperam, para lhes contar, numa parábola, o caminho de sua cura, de sua libertação da doença histórica e, com isso, contar sua própria história até o momento em que estarão novamente gozando de boa saúde para poder recomeçar a fazer a história, para se servir do passado com este tríplice ponto de vista: do ponto de vista monumental, antiquado e crítico. Chegando a esse momento, serão mais ignorantes que os homens "instruídos" do presente, pois, terão desaprendido muito e terão até mesmo perdido toda vontade de lançar ainda um olhar para o que esses homens instruídos querem saber antes de tudo. O que os distingue é precisamente, se nos colocarmos do ponto de vista desses homens instruídos, sua indocilidade, sua indiferença, sua reserva com relação a muitas coisas célebres e mesmo a certas coisas boas. Mas, chegando a esse ponto final de sua cura, eles se terão tornado novamente *homens* e terão cessado de ser agregados que se assemelham somente a homens. E já é alguma coisa! Aí estão novas esperanças! Seu coração não transborda de alegria, vocês que esperam?

E como chegaremos a esse objetivo? – podem me perguntar. O deus délfico lhes dirige, desde o início de sua viagem em direção a esse objetivo, sua frase: "Conhece-te a ti mesmo!" É uma frase doce, pois, esse deus "não esconde e não proclama, mas só indica", como disse Heráclito[58]. Para onde, pois, os conduz?

Houve séculos em que os gregos estavam expostos a um perigo análogo ao nosso, ao perigo de serem invadidos por aquilo que pertence ao estrangeiro e ao passado, ao perigo de perecer pela "história". Nunca viveram numa orgulhosa exclusividade. Sua cultura foi, bem pelo contrário, por muito tempo um caos de formas e de conceitos exóticos, semíticos, babilônicos, lídios e egípcios, e sua religião uma verdadeira guerra dos deuses de todo o Oriente, do mesmo modo que hoje a "cultura alemã" e sua religião são um caos agitado, numa luta perpétua, de todo o estrangeiro, de todo o passado. Ora, apesar disso, a cultura helênica não se tornou um agregado, graças à sua sentença apolínea. Os gregos aprenderam aos poucos a *organizar o caos*, lembrando-se,

---

(58) Heráclito de Éfeso (550-480 a.C.), filósofo grego (NT).

em conformidade com a doutrina délfica, de si próprios, isto é, de suas verdadeiras necessidades, deixando de lado as necessidades aparentes. Foi assim que tomaram posse de si mesmos. Não permaneceram por muito tempo como os herdeiros sobrecarregados e os epígonos de todo o Oriente; tornaram-se, depois de uma luta difícil contra si mesmos, pela interpretação prática dessa sentença, os felizes herdeiros desse tesouro, sabendo aumentá-lo e fazê-lo frutificar, precursores e modelos de todos os povos civilizados posteriores.

Isso é uma parábola para cada um de nós. É necessário que cada um organize o caos que está em si, fazendo um retorno sobre si mesmo para relembrar suas verdadeiras necessidades. Sua lealdade, seu caráter sério e verídico vão se opor a que cada um se contente em repetir, em reaprender e imitar. Aprenderá então a compreender que a cultura pode ser realmente outra coisa do que a *decoração da vida*, o que não seria ainda, no fundo, senão simulação e hipocrisia. De fato, toda máscara esconde o mascarado.

Assim deverá se revelar a seus olhos o conceito grego da cultura – em oposição à cultura romana – o conceito da cultura, como de uma nova natureza, de uma natureza melhorada, sem interior e exterior, sem simulação e sem convenção, cultura como de uma harmonia entre a vida e o pensamento, a aparência e a vontade. É assim que vai aprender, por sua própria experiência, que foi a força superior da natureza *moral* que permitiu aos gregos de vencer todas as outras culturas e vai aprender que todo aumento da veracidade deve servir também para preparar e ativar a verdadeira civilização, mesmo quando essa veracidade pudesse prejudicar seriamente a disciplina que, no momento, goza da estima geral, mesmo quando ela ajudasse a subverter uma cultura puramente decorativa.

IMPRESSÃO E ACABAMENTO:
Gráfica Oceano